마주 보는 세계사 교실 01
고대 문명이 꽃피다

웅진주니어

마주 보는 세계사 교실 | 01 | 고대 문명이 꽃피다

초판　1쇄 발행 2007년 12월 24일
초판 53쇄 발행 2024년 3월 28일

글쓴이 강선주 | 그린이 강전희, 김수현
발행인 이봉주 | 도서개발실장 안경숙 | 편집인 이화정
아트디렉터 이은영 | 디자인 김세진 | 기획 장산꽃매, 길유진 | 편집 이길호, 엄수연, 이효진 | 교열 이혜영
마케팅 정지운, 박현아, 원숙영, 김지윤, 황지영 | 제작 신홍섭

펴낸곳 (주)웅진씽크빅
주소 경기도 파주시 회동길 20 (우)10881
문의전화 031)956-7523(편집), 031)956-7569, 7570(마케팅)
홈페이지 www.wjjunior.co.kr | 블로그 blog.naver.com/wj_junior
페이스북 facebook.com/wjbook | 트위터 @new_wijr | 인스타그램 @woongjin_junior
출판신고 1980년 3월 29일 제406-2007-00046호 | 제조국 대한민국

ⓒ 강선주, 2007 (저작권자와 맺은 특약에 따라 검인을 생략합니다.)

ISBN 978-89-01-07497-9
ISBN 978-89-01-07496-2(세트)

웅진주니어는 (주)웅진씽크빅의 유아·아동·청소년 도서 브랜드입니다.
이 책은 저작권법에 따라 보호받는 저작물이므로 무단전재와 무단복제를 금지하며,
이 책 내용의 전부 또는 일부를 이용하려면 반드시 저작권자와 (주)웅진씽크빅의 서면동의를 받아야 합니다.

잘못 만들어진 책은 바꾸어 드립니다.
※주의 1_책 모서리가 날카로워 다칠 수 있으니 사람을 향해 던지거나 떨어뜨리지 마십시오.
　　　 2_보관 시 직사광선이나 습기 찬 곳은 피해 주십시오.
웅진주니어는 환경을 위해 콩기름 잉크를 사용합니다.

마주 보는
세계사 교실

*
01
고대 문명이 꽃피다

강선주 글 강전희, 김수현 그림

웅진주니어

| 글쓴이의 말 |

역사란 무엇일까?

쉽게 말하면 역사는 과거 사람들의 이야기이지. 그런데 모든 과거 사람의 이야기가 또 반드시 역사는 아니란다. 왜 이랬다 저랬다 하냐고? 무슨 말이냐고?

역사는 과거 사람들의 이야기를 누군가 '기억'하고, '기록'한 거야. 과거에 일어난 일이라고 해도, 사람들의 기억에 남아 있지 않은 것, 기록되지 못하고 스쳐지나간 일들은 역사라고 하기 어려워. 그러니까 역사를 쓰기 위해서는 과거 사람들에게 일어난 일, 과거 사람들이 한 일에 대해서 알아야 하지.

그런데 사람들은 과거 사람들에게 일어난 일에 대해 어떻게 알까?

크게 보면 방법은 세 가지란다. 하나는 과거 사람들이 남긴 기록들을 연구하는 방법이고 다른 하나는 과거 사람들이 남긴 흔적을 찾아 연구하는 방법이야. 그리고 할아버지, 할머니처럼 지금 살고 계신 분들이 기억하는 과거에 대해 묻고 기록하여 연구하는 방법이 있지.

그런데 문자를 발명한 것이 지금부터 약 4000년 전 정도니까, 그전에는 문자로 남긴 기록이 없단다. 그래서 사람들이 남긴 생활 흔적들을 중심으로 과거 사람들에게 있었던 일을 추측할 수밖에 없어. 학자들은 문자를 발명하여 기록을 남기기 전 시기를 선사 시대라고 하고, 기록을 통해 역사를 쓰기 시작한 시기를 역사 시대라고 구분한단다.

인류가 지구에서 살아온 400만 년 이상의 시간에 비추어 볼 때 문자를 사용하여 기록을 남기기 시작한 것은 상대적으로 아주 짧은 시간이지.

지금부터 우리는 인류가 지구에 나타난 무렵부터 시작해서, 도구를 만들고, 농사를 지으며 한곳에 머물러 살기 시작한 선사 시대, 인구가 늘어나면서 도시를 중심으로 문명을 이룬 시기, 그리고 현재까지 전 세계의 문화에 중요한 영향을 미치고 있는 불교, 힌두교, 유가, 그리스 철학, 크리스트교 등의 사상, 종교가 탄생한 시기. 동아시아, 인도, 서아시아, 유럽 등지에 거대한 제국이 등장해 각 지역의 문명을 활짝 꽃피웠던 시기를 차례로 보게 될 거야.

너희도 잘 알겠지만, 세계는 넓고, 인류가 살아온 시간은 아주 길어. 그 긴 시간, 그 넓은 세계에서 인류의 삶은 무척이나 다양했단다. 지역에 따라, 또 살았던 시대에 따라 서로 다른 생각을 하고, 다른 모습을 하며, 또 서로 다른 것을 중요하게 여기며 살았지. 심지어는 무엇이 '옳은 것'이고, 무엇이 '옳지 않은 것'인가를 판단하는 가치관도 많이 달랐단다.

옛날 지금의 서아시아 지역에 있던 바빌로니아 왕국에 함무라비 왕이 있었어. 이 왕이 만든 법전이 지금까지 전해지는데, 왕은 그 법전을 '사람들에게 정의를 주기 위해' 만들었으며, 이 법률을 지키도록 자손을 깨우치라고 말했어. 그런데 그 법전에는 다음과 같은 조항이 있어.

"의사가 시민을 청동 칼로 수술하다가 그 사람이 죽으면, 의사의 손을 자른다."

"어떤 남자가 신전이나 궁궐의 소유인 소, 양, 돼지 또는 배를 훔치면, 그 사람은 훔친 물건 가격의 30배를 돌려주어야 한다. 훔친 물건이 일반 시민의 것이면 10배를 물어주어야 한다. 만약 훔친 자가 그것을 갚을 수 없으면, 사형에 처한다."

"아내가 부정한 일을 저지르고 남편에게 '당신은 내 남편이 아니오.'라고 하면, 아내는 강에 던져진다. 남편이 아내에게 '당신은 내 아내가 아니오.'라고 하면 남편은 반량의 은을 벌금으로 지불해야 한다."

이 법전에서 말하는 '정의'는 지금 우리가 말하는 정의와 좀 다른 것 같지 않니? 지금은 같은 죄를 지으면 대체로 같은 벌을 받지만, 이때는 죄를 지은 사람의 신분에 따라, 또 여성인가 남성인가에 따라 같은 죄를 지었어도 벌이 달랐고. 이 시기 사람들은 그것을 '정의'로 당연하게 받아들였던 거야.

왜 이렇게 정의의 개념이 오늘날과 달랐을까? 그것은 과거 사람들이 살았던 사회의 모습과 지금 우리가 살고 있는 사회의 모습이 다르고, 또 그 사회와 시대에서 사는 사람들이 해결하고자 했던 문제가 달랐기 때문이기도 하지. 그러니까 과거 사람들은 우리와 다른 방식으로 사물을 보았고, 우리와 다른 방식으로 생각하고, 생활한 것이지.

과거 사람들의 그런 사고방식과 생활 방식은 그들이 살았던 시간 속으로 들어가서 그들에게 어떤 문제가 있었고, 그것을 어떻게 해결하고자 했는지를 생각해 보지 않으면 이해할 수 없단다. 그렇게 과거 사람들의 입장에서 그 사람들을 이해하려고 하다 보면, 인간과 인간 사회를 한층 잘 이해할 수 있어. 그것을 이해하는 것이 바로 인간을 이해하는 방법이고, 인간 사회, 나아가 인간이 만든 역사를 이해하는 방법이란다.

또 인류가 앞으로 계속 발전하기 위해서는 역사를 잘 알아야 해. 만약 누군가가 새로운 물건을 발명했는데, 그것이 이미 과거 사람들이 발명한 것이라면 전혀 새롭지 않겠지? 사람들은 그런 헛수고를 하지 않기 위해서도 과거에 어떤 일이 있었나, 어떤 발명품이 있었나 등에 대해서 공부하기도 한단다.

역사를 읽다 보면 인류가 만든 다양한 문화에 대해 알게 되고, 인간의 능력이 위대하다는 것을 실감하게 되지. 뿐만 아니라 인간이 무엇을 좋아하고 싫어하고, 또 어떤 생각들을 하는지, 어떤 문제를 어떻게 해결하려고 하는지 등에 대해서 생각해 볼 수 있고. 인간이란 무엇인가에 대해 생각해 보게 된단다.

너희도 이 책을 읽으면서 현재의 입장이 아니라, 과거 사람의 입장이 되어 그들을 이해하려고 해 보렴. 그러면 지금까지 역사에 대해 알고 있던 것과 다른 새로운 모습을 보게 될 거야. 그리고 역사 속에서 많은 사람들이 '왜 그리고 어떻게' 문명을 발전시키고, 변화시켰는지 알아보렴.

이제 함께 흥미진진한 역사 속으로 여행을 떠나보자꾸나.

2007년 12월 강선주

| 차례 |

길고 긴 선사 시대

인류 탄생의 과정 12   클릭! 역사 속으로   **최초의 인류, 루시** 21

생존을 위한 오랜 투쟁 22   클릭! 역사 속으로   **빌렌도르프의 비너스** 33

농경이 가져온 변화 34   클릭! 역사 속으로   **풍요의 여신, 이난나** 45

아, 그렇구나 | **우주 속의 지구, 시간, 인간** 48

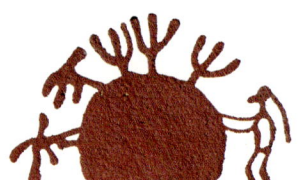

고대 문명의 탄생

최초의 문명이 꽃핀 메소포타미아 52

클릭! 역사 속으로   **함무라비 왕과 법전** 63

나일 강과 인더스 강이 낳은 문명 64

클릭! 역사 속으로   **쿠푸 왕과 대피라미드** 77

누런 강물이 탄생시킨 중국 문명 78

클릭! 역사 속으로   **황제와 신화 속 중국 문명** 85

지중해를 누빈 해양 민족의 문명들 86

클릭! 역사 속으로   **미노스 왕과 다이달로스의 미궁** 95

아, 그렇구나 | **인류가 이룩한 발전, '문명'** 96

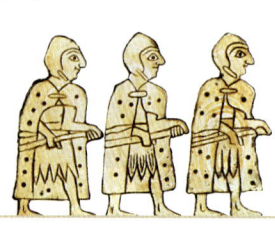

고대 문명의 발전

서아시아와 북아프리카의 정복 왕국 100 　클릭! 역사 속으로 | 모세와 유대 교 111

인도에 나타난 새로운 문명 112 　클릭! 역사 속으로 | 싯다르타와 불교 121

지중해 폴리스의 발전 122 　클릭! 역사 속으로 | 솔론과 아테네의 민주 정치 133

주나라와 춘추 전국 시대 134 　클릭! 역사 속으로 | 공자와 유교 143

아메리카에서 탄생한 문명 144

　　클릭! 역사 속으로 | 뱀의 신, 케찰코아틀 151

　　아, 그렇구나 | 인구가 쑥쑥, 문명이 성큼 172

고대 제국의 번영

새로운 제국의 등장 156 　클릭! 역사 속으로 | 짜라투스투라와 조로아스터 교 169

인도 문명의 황금시대 170 　클릭! 역사 속으로 | 카니슈카 왕과 대승 불교 181

중국 문화의 틀을 닦은 진과 한 182

클릭! 역사 속으로 | 카니슈카 왕과 대승 불교 195

로마 제국의 발전 196 　클릭! 역사 속으로 | 예수과 크리스트 교 211

아, 그렇구나 | 구석구석 제국을 다스려요 212

연표 214　　찾아보기 216

길고 긴 선사 시대

~기원전 4000년 이전

지금부터 46억 년 전에 지구가 탄생할 무렵, 지구에는 어떤 생명체도 없었단다. 그러다가 아주 작은 박테리아가 태어났어. 그 박테리아는 길고 긴 시간 동안 진화를 거듭했고, 마침내 지금부터 400만 년 전에는 인류가 지구에 처음 등장했어.

그 뒤 인류의 조상은 동굴에서 살며, 불을 어떻게 사용하는지 알아내 매서운 추위를 이기고, 돌이나 뼛조각으로 도구며, 무기들을 만들었지. 또 식량과 옷을 얻으려고 들짐승들을 사냥하고, 동굴 벽에 그림을 그려 많은 동물이 잡히기를 기원했어. 그리고 마침내 인류는 한 곳에 머물러 농사를 짓기 시작하면서 문명의 길로 접어들게 된단다.

인류가 문명의 길로 접어들기 전에는 문자가 없었단다. 그래서 역사를 문자로 기록할 수 없었지. 사람들은 이 시기를 역사가 등장하기 전의 역사, 즉 선사 시대라고 불러. 이제 인류가 어떻게 태어났고, 어떻게 진화를 거듭했는지, 그리고 어떻게 문명의 길로 접어들었는지 그 길고 긴 과정을 함께 알아보자꾸나.

인류 탄생의 과정

지구는 몇 살일까? 과학자들은 46억 살 정도 되었을 거라고 말해. 왜냐하면 지금까지 발굴한 것 가운데 가장 오래된 광물이 44억여 년 전에 만들어진 것이기 때문이지. 그러니까 그 광물보다는 지구의 나이가 약간 많을 것이라고 추측하는 거지.

그럼 인류는 언제 처음 나타났을까? 약 400만 년쯤 전이야. 상당히 오래되었긴 해도 지구에 비하자면 한참이나 나중에 나타난 셈이지. 지구가 탄생한 뒤 인류가 나타나기 전까지, 지구에는 어떤 생명체가 살았을까? 인류는 어떻게 나타나고, 어떻게 해서 다른 동물들과는 구별되는 삶을 살게 되었을까? 지금부터 함께 살펴보자꾸나.

지구에 생명체가 탄생하다

지금으로부터 150억 년 전, 큰 폭발과 함께 우주가 처음 생겼어. 그리고 50억 년 전에 뜨거운 열을 뿜어내는 태양이 생긴 뒤, 다시 수억 년이 흘러 46억 년 전에야 비로소 지구가 생겼단다. 이 무렵 지구 표면에는 날마다 하늘에서 돌멩이와 암석 덩어리가 떨어져 내리고, 지구 전체가 온통 불덩어리 같았지.

44억 년 전부터 지구는 조금씩 식기 시작했는데, 둘레가 온통 가스로 덮여 있었단다. 지금은 공기 중에 산소가 20퍼센트 이상을 차지하지만, 당시에는 메탄, 암모니아, 수증기 등으로 가득 차 있었지. 그러다가 화산 폭발이 활발히 이루어지면서 지구 속에 있던 많은 물과 염분이 빠져나와 지구 표면을 덮었지. 이때 바다가 생겼지만 지금과는 전혀 다른 모습이었단다.

바닷물의 양은 지금보다 훨씬 적었고, 염분도 조금밖에 섞여 있지 않았어. 그 뒤로 지구가 차츰 차가워지면서, 공중에 있던 수증기가 비가 되어 내렸지. 날마다 폭포처럼 쏟아지는 비가 내리자 바닷물이 크게 늘어났고, 땅 위의 염분은 바다로 흘러들었단다. 이러한 과정을 거치면서 지구는 육지, 바다, 대기로 이루어진 지금의 모습을 갖추었어.

그렇다면 지구에는 언제 첫 생명체가 나타났을까? 과학자들은 약 38억 년 전, 지구에 바다와 대기가 생길 무렵에 생명체가 처음 나타났을 것이라고 생각해. 그 최초의 생명체는 바다에서 생겨났어. 아주 간단한 단세포 미생물이었던 이 생명체는 점점 복잡한 미생물로 진화하였고, 약 6억 년 전쯤에서야 다세포 생물이 나타났지. 그러니까 지구가 생겨나고도 아주 오랜 시간이 흐른 뒤에야 다세포 생물이 지구상에 태어날 수 있었던 거야.

지구 탄생 초기의 모습이다. 44억 년 전 지구의 지각은 얇았고, 활발한 화산 폭발로 온통 불바다에 가까웠다.

화석*
아주 오래 전에 살았던 동식물의 흔적 따위가 흙, 돌 등에 묻혀 그대로 보존되어 남아 있는 것을 통틀어 일컫는다.

그러면 지구에 가장 처음 나타난 생명체는 어떤 모습이었을까? 지금까지 발견한 것 가운데 가장 오래된 생명체의 흔적은 박테리아 화석*이야. 이 화석은 오스트레일리아에서 발견되었는데, 약 35억 년 전의 것으로 밝혀졌지. 그래서 학자들 사이에는 지구에 최초의 생명체가 나타난 것이 38억 년 전인지, 35억 년 전인지를 두고 의견이 갈리기도 한단다.

어쨌든 박테리아는 현미경으로나 볼 수 있는 아주 작은 생명체야. 그리고 박테리아라고 하면 병을 옮기는 균이 생각나겠지만, 우리가 마시는 요구르트에 있는 유산균처럼 소화를 도와주는 유익한 균도 있단다. 이렇게 살아 있는 균이 지구에 나타난 최초의 생명체라는 게 재미있지 않니?

약 18억 년 전에 나타난 미생물이다.

단세포의 녹조류이다. 약 18억 년 전에 나타났다.

녹조류가 진화해 나타난 해조류이다.

해파리이다. 약 5억 6000만 년 전에 나타났다. 지구에 등장한 최초의 다세포 생물이다.

약 5억 년 전에 나타난 어류이다. 등뼈를 가진 모든 생물의 먼 조상이다.

지구에서 처음 생명이 탄생하고 진화한 곳은 바닷속이다. 산소가 만들어지기 전 바다는 태양의 강렬한 자외선을 막아 주고, 생물이 먹고 살 수 있는 녹조류나 해조류가 많아 초기 생물이 진화할 수 있는 좋은 조건을 갖추고 있었다.

박테리아와 같은 균류는 점점 빨리 진화를 거듭해서 어떤 것은 바다에서 해조류로, 어떤 것은 지상에서 녹색 식물로 진화했단다. 녹색 식물은 지상에서 엽록소와 빛으로 광합성을 해서 산소를 만들 수 있는 생물이야. 그러니까 지구상에 생명체가 생긴 순서는 박테리아, 그 다음 해조류, 그 다음 녹색 식물이라고 할 수 있지.

　녹색 식물은 지구 환경을 놀랍게 변화시켰어. 생명체가 탄생한 초기에는 지구에 산소가 얼마 없었는데, 녹색 식물이 산소를 만들어 내기 시작했어. 그리고 동물이 호흡할 수 있을 만큼 산소 양이 충분히 늘었을 때 마침내 동물이 나타났지.

　산소는 동물의 호흡에 필요할 뿐만 아니라, 대기에 오존층을 만들어 태양의 자외선을 흡수하기도 해. 만약 오존층이 없다면 태양의 강렬한 자외선이 지구 표면에 직접 닿을 거야. 그러면 생물은 살아남기 어렵단다.

양치식물*
고사리처럼 꽃이 피지 않고 홀씨로 번식하는 식물이다. 물과 양분이 이동하는 관다발을 갖고 있다.

이처럼 녹색 식물은 지구에 동물이 나타나도록 하고, 바다뿐만 아니라 육지에서도 생물이 살 수 있도록 지구를 변화시켰지.

이 무렵 등장한 생물이 삼엽충, 갑주어, 완족류, 양치식물* 등이란다. 이름들이 무척 낯설지? 고사리 같은 양치식물을 뺀 다른 생물들은 모두 멸종해서 지금은 볼 수 없기 때문일 거야.

최근 오스트레일리아에서는 6~7억 년 전의 것으로 보이는 동물의 화석이 많이 발견되었어. 그런데 이 동물들은 모두 무척추동물이야. 뼈가 없는 동물이라는 뜻이지. 무척추동물이 먼저 생긴 뒤에 척추동물이 생겼어. 무척추동물 가운데 가장 많은 것은 암모나이트였고, 초기 척추동물로는 파충류, 특히 공룡류가 많았어. 육지에서 자란 식물 가운데에는 은행나무, 소철 종류, 소나무 종류처럼 꽃이 피지 않는 겉씨식물이 번성했어.

하늘을 나는 익룡이다.

아파토사우루스이다. 몸길이가 약 7미터에 달하는 초식 공룡이다.

디플로도쿠스이다. 몸길이가 약 27미터에 달하는 거대한 초식 공룡이다. 강가의 드넓은 수풀 지역에서 살았다.

왕잠자리 메가네우라이다. 날개 길이가 30센티미터나 된다.

그런데 기원전 6500만 년 전에 지구에는 큰 기후 변화가 생겼어. 날씨가 무척 추워진 것이지. 그러자 울창하던 숲은 조금씩 말라죽고, 먹이를 구할 수 없게 된 거대한 공룡들은 점점 사라졌어. 대신 따뜻한 피를 갖고, 털이 많은 젖먹이 동물들이 추위를 이겨 내고 살아남았지. 또한 꽃이 피는 갖가지 속씨식물도 새롭게 나타났어. 이 동물과 식물들이 점점 진화해서 지금과 같은 식물과 동물, 인류가 나타났지.

공룡은 지금부터 2억 8000만 년 전에 등장해 거의 1억 6000만 년 가까이 지구의 주인으로 살다가, 6500만 년 전에 갑자기 사라졌다. 공룡을 영어로 다이노사우르스라고 하는데, 그 의미는 '무서울 정도로 큰 것'이라는 다이노스(dinos)와, '도마뱀'이라는 사우르(saur)를 합친 말이다.

바퀴벌레이다. 3억 2000만 년 이상 거의 모습이 변하지 않은 곤충의 하나이다.

속씨이다. 꽃이 피지 않는 겉씨식물이다.

이처럼 지구가 큰 기후 변화를 겪는 동안에 지구의 땅껍질인 지각은 계속해서 움직였고, 육지와 바다의 모습도 조금씩 바뀌어 갔어. 하나로 붙어 있던 지각이 갈라지면서 몇 개의 대륙이 생기고, 바다도 여러 개로 나누어졌지.

지각이 왜 움직이는지는 정확히 알려지지 않았어. 다만 지구 내부에서 일어나는 변동 때문에 지진이 일어나거나, 화산이 폭발하는 것과 관련이 있다는 것을 알 뿐이야. 지구상에는 아직까지도 지각의 움직임이 활발한 곳이 있는가 하면, 움직임이 거의 없는 곳도 있어. 일본은 지각 변동이 활발한 지역으로, 아직도 지진이 자주 일어난단다. 그런데 우리나라는 일본과 가까이 있는데도 지각의 움직임이 활발하지 않은 편이야.

진화론을 주장한 다윈을 원숭이로 묘사하며 조롱한 당시의 그림이다.

유인원*
원숭이를 비롯하여 오랑우탄 과에 속하지만 원숭이와는 다른 인류에 가까운 동물이다. 원숭이보다는 뇌의 용량이 컸고, 두 발로 서서 걸었으며 손을 이용하여 물건을 잡을 수도 있었다.

| 인류의 조상이 아프리카에 처음 나타나다 |

최초의 인류는 어떻게 생겼고, 어떻게 살았을까? 지금의 우리와 닮은 점은 무엇이고, 다른 점은 무엇일까?

크리스트교에서는 하느님이 아담과 이브를 만들면서 이 땅에 사람이 나타났다고 설명해. 크리스트교뿐 아니라, 많은 종교에서 신이 사람을 만들었다고 이야기한단다. 그런 생각은 오랜 세월 동안 사람들의 머릿속을 지배해 왔어.

그런데 1859년에 영국의 학자 찰스 다윈은 그런 생각을 뒤엎는 주장을 했단다. 다윈은 『종의 기원』이라는 책에서, 사람은 수백만 년 전에 유인원*에서 발달했다고 주장했어. 즉, 원숭이와 비숫한 모습을 했던 유인원이 오랜 세월에 걸쳐 주변 환경에 적응하면서 사람으로 진화했다는 것이지. 진화란 더 좋은 방향으로 변화하는 것을 뜻해. 그러니까 사람이 진화했다면 뇌 용량이 점점 커지면서 지능이 높아지고, 손이나 발은 도구를 쓰기에 편한 방향으로 발전했다는 거야. 다윈은 생명체가 변화하는 환경에 적응하기 위해 이렇게 진화하는 것이라고 설명했단다. 그리고 변화하는 환경에 적응하지 못한 생물은 결국 지구상에서 사라질 수밖에 없다고도 했어.

다윈을 지지하는 학자들은 인류가 진화했다는 것을 증명하려고 아주 오래된 인류의 흔적을 찾아다녔어. 그들은 아프리카, 유럽, 아시아 등 여러 곳에서 인류의 흔적을 발견할 수 있었단다. 그리고 그 흔적들을 연구하면서 다윈의 주장이 옳다는 생각을 점점 굳혔지. 즉, 유인원이 점차 환경의 변화에 적응하면서 지금과 같은 인류의 모습으로 진화한 것이라고 믿게 된 거야.

이 무렵 학자들이 발견한 인류 조상의 흔적은 대부분 아프리카에 몰려 있었어. 학자들은 그들을 오스트랄로피테쿠스라고 불렀는데, '남쪽에서 발견된 원숭이'라는 뜻이지. 그런데 오스트랄로피테쿠스의 흔적은 왜 아프리카에서만 발견된 것일까? 그 까닭을 알려면 먼저 그 시절의 지구 환경을 살펴보아야 한단다.

공룡이 사라진 뒤 한동안 따뜻해졌던 지구의 기후는 기원전 1200만 년 무렵부터 다시 추워지기 시작했어. 지구의 대부분은 빙하로 덮이고, 북쪽에서 생긴 거대한 빙하가 아래로 밀려오기 시작했지. 이렇게 빙하로 지구가 덮여 있는 시기를 빙하기라고 부르는데, 이전에도 여러 차례 아주 긴 빙하기가 있었어. 그리고 빙하기와 빙하기 사이에 덜 추운 간빙기가 있었지.

인류가 처음 나타난 기원전 400만 년 무렵은 빙하기였어. 이 무렵 가장 따뜻했던 곳은 오늘날 지구에서 가장 더운 지역, 즉 아프리카였을 거야. 빙하로 덮힌 나른 곳과 달리 아프리카에는 과실이 열리는 나무와 숲, 작은 동물들이 살 수 있는 넓은 초원이 펼쳐져 있었지. 틸이 적고 힘이 약한 오스트랄로피테쿠스는 추위와 먹을거리 때문에 이 지역을 떠나지 못했을 거야.

그런데 오스트랄로피테쿠스는 다른 동물과 차이가 있었어. 그게 무엇이냐면 대부분의 동물이 네 다리로 걷지만, 오스트랄로피테쿠스는 두 다리로 걸었다는 점이야. 그러면 오스트랄로피테쿠스는 왜 두 손, 동물로 치자면 앞발을 사용하지 않고 두 발만으로 걷게 되었을까? 오스트랄로피테쿠스 주변에 먹을 것이 줄어들고, 먹을 것이 높은 곳에 있어서 앞발로 먹을 것을 따다 보니, 뒷발로만 걷게 된 것은 아닐까? 다윈의 주장대로라면 인류는 환경에 적응하는 가운데 진화한 것이니까 말이야.

오스트랄로피테쿠스가 원숭이처럼 구부정한 모습이기는 하지만 두 발로 걷기 시작한 것은 아주 중요한 의미를 지닌 사건이란다. 왜냐고? 네 발을 모두 걷는 데 이용하는 대신, 자유로워진 두 발로 다른 일을 하기 시작했거든. 아직까지는 도구를 이용했다고 말하기는 힘들지만, 두 손을 이용해 돌을 집기도 하고 막대기를 휘두르기도 했지. 그러면서 점차 뇌 용량도 커지고, 모습도 변하기 시작했어. 진화의 첫 걸음을 뗀 셈이지.

인류의 조상은 유인원에서 점차 진화하여 기원전 400만 년 전에 최초로 나타났다. 인류 최초의 조상을 오스트랄로피테쿠스라고 부른다.

● 클릭! 역사 속으로
최초의 인류, 루시

아주 오랜 옛날, 아프리카 초원에 침팬지와 비슷한 모습을 한 무리가 걸어가고 있었어. 이들은 무서운 맹수가 언제 달려들지 몰라 두리번두리번 주위를 조심스럽게 살피며 걸었지. 그리고 초원 한 구석에 있는 나무에 도달하자, 다들 손을 뻗어 열매를 땄어. 싱싱한 열매의 달콤한 맛이 입안에 퍼졌지.

무리 중에 한 명은 막대기를 손에 잡고 있어. 방금 들쥐 하나가 지나갔는데 그걸 따라가려는 모양이야. 들쥐 한 마리면 저녁때까지는 배가 든든할 거야. 몸집이 작은 어린 녀석들은 막대기로 땅을 후벼 파고 있어. 운 좋게 벌레 한 마리가 나오면 간식으로 먹을 테지.

그로부터 300여만 년이 흐른 뒤였어. 1974년 11월 무렵에 도널드 요한슨이라는 인류학자가 이 초원에 나타났어. 그는 인류의 조상들이 아프리카에 살았다는 증거를 찾으려고 에티오피아의 수하다르 이곳저곳을 조사하고 있었지. 그러다가 뼛조각 47개를 찾았어. 머리뼈, 갈비뼈, 골반뼈, 등뼈 등을 차례로 맞추자, 침팬지와 비슷한 모습이 나타났어. 요한슨은 기뻐하며 이 뼈의 주인에게 루시라는 이름을 붙였어.

루시의 키는 120센티미터가 될까말까한데, 얼굴은 침팬지랑 비슷해서 턱이 이마보다 앞으로 튀어 나와 있어. 뇌 용량은 침팬지와 비슷한 400~500시시 정도였지. 루시는 그때까지 발견한 인류의 화석보다도 더 오래된 인류의 첫 조상으로 밝혀졌어. 손을 땅에 짚지도 않고도 걸을 수 있었던 오스트랄로피테쿠스 가운데 아파렌시스라는 종류였단다.

생존을 위한 오랜 투쟁

최초의 인류보다 힘이 센 동물은 아주 많았어. 힘이 세지 않으면 발이라도 빨랐지. 인류가 살아남기 위해서는 다른 동물을 잡아먹거나 사나운 동물로부터 자신을 지켜야 하는데, 맨몸으로는 힘이 세거나 발이 빠른 동물을 당해 낼 수가 없었지.

이처럼 나약한 인류가 살아남을 수 있었던 것은 바로 도구 덕분이었어. 인류 가운데에서도 도구 만드는 방법을 알게 된 종족은 살아남아 사나운 동물까지 잡을 수 있게 되었을 거야. 그러나 도구를 사용하지 못하거나 만들지 못한 종족은 원숭이처럼 계속 열매만 따 먹다가 결국 살아남기 위한 경쟁에서 지고 말았지.

| 도구를 만들어 사용하다 |

최초의 인류가 처음으로 사용한 도구는 무엇일까? 아마 가까이에서 쉽게 구할 수 있는 것을 도구로 이용했을 거야. 나뭇가지, 흙, 돌, 동물 뼈 등이었을 테지. 그런데 나뭇가지나 뼈를 주워 그대로 사용했다면, 인류가 도구를 만들었다고 하기는 어렵겠지? 그건 그냥 도구를 사용한 것일 뿐이니까. 도구를 만든다는 것은 물건을 어떤 용도에 맞게 깨거나, 붙이거나, 갈거나 하는 과정을 거치는 거야. 그래서 무엇을 자르거나, 낚시를 하거나, 흙을 파는 데 맞게 만드는 것이지.

아주 오랜 옛날에 살았던 인류의 흔적을 보면, 처음에 돌로 도구를 만들었다는 것을 알 수 있어. 뭉

해 주변에 사람들이 둘러싸고 있는 모습을 바위에 그린 그림이다.

툭한 돌을 두드려 여러 면을 떼어 낸 다음 날카롭게 만들어 도구로 사용했어. 돌을 떼어 만들었다고 해서 이 도구를 뗀석기라고 부르고, 뗀석기를 사용한 시기를 구석기 시대라고 불러. 구석기 시대는 250만 년 가까이 계속되었어. 그 오랜 세월 동안 인류의 생활 방식은 느리지만 조금씩 변했단다.

인류의 조상 가운데 처음으로 도구를 사용한 것은 지금부터 250만 년 전에 나타난 호모 하빌리스란다. 호모 하빌리스는 '손재주가 있는 사람'이란 뜻이지. 하지만 호모 하빌리스는 자연에서 얻은 것을 그대로 사용할 뿐이었어.

그러다가 170만 년 전쯤에 '곧선 사람'이란 뜻을 가진 호모 에렉투스가 나타났어. 호모 에렉투스는 곧게 서서 걷기 시작했을 뿐만 아니라, 호모 하빌리스와 달리 돌이나 뼈를 떼거나 갈아서 도구를 만들 수 있었단다. 모양이 비록 단순하고 종류도 많지 않았지만 말이야.

그리고 호모 에렉투스는 지금부터 약 140만~50만 년 전에 처음으로 불을 사용하기 시작했단다. 처음 불을 보았을 때, 호모 에렉투스는 어떤 반응을 보였을까? 놀랍고, 무섭고, 두렵지 않았을까? 불이 무엇인지도 모르는데 갑자기 불이 났으니 깜짝 놀랄 만도 하지. 게다가 불은 아주 뜨겁고, 모든 것을 다 태워 버리기 때문에 지금 우리가 보기에도 무섭잖아.

그렇지만 호모 에렉투스는 불에 대한 두려움을 이겨 냈어. 이미 물, 나무, 흙, 돌 같은 자연물을 이용해 왔으니, 불이라고 이용하지 못할 것도 없다고 생각한 거야. 불이 있으면 추운 날씨에도 따뜻하게 지낼 수 있을 것 같고, 사나운 동물을 물리치는 데도 쓸모

도구를 들고 있는 호모 에렉투스이다. 호모 에렉투스는 호모 하빌리스와 달리 도구를 만들어 사용했다.

있을 것이라고 생각했겠지.

그러면 호모 에렉투스는 불을 이용하는 방법을 어떻게 알게 되었을까? 하늘에서 '번쩍' 벼락이 친 뒤에 나무에 불이 붙는 것을 보거나, 화산에서 튄 불똥이 숲을 태워 버리는 것을 보면서 이렇게 생각했을지도 몰라.

'어떻게 하면 저 불을 꺼뜨리지 않고 오랫동안 계속 사용할 수 있을까?'

오랜 궁리 끝에, 불을 꺼뜨리지 않고 지킬 수 있는 방법을 찾아냈을 거야. 나무를 넣거나 바람을 막는 방법 말이지. 그리고 나중에는 돌이나 나무 막대를 부딪쳐서 불을 만드는 방법까지 알아냈겠지. 그러니까 우연히 불을 얻으면 꺼지지 않게 지키면서 사용하다가, 불을 만드는 방법을 알기까지는 아주 많은 세월이 흘러야 했어.

불을 사용하는 방법을 깨우친 뒤로 인류의 생활에는 큰 변화가 일어났어. 우선 추워서 얼어 죽는 일이 줄어들었지. 또 고기나 곡식을 불에 익혀 먹기 시작했어. 실제로 이 무렵 인류의 유적지에는 화로 같은 것과, 검게 탄 동물 뼈 등 불을 이용해 요리를 한 흔적이 남아 있어. 고기나 곡식을 날것으로 먹다가 불에 익혀서 먹으면 어떤 느낌이 들까? 좀 더 쉽게 씹을 수 있고, 소화도 더 잘 되었겠지? 물론 맛도 달랐을 테고.

다시 시간이 흘러 지금부터 20만 년 전에 호모 에렉투스보다 훨씬 지능이 발달한 호모 사피엔스가 나타났어. 호모 사피엔스는 '지혜로운 사람'이라는 뜻이란다. 호모 사피엔스 가운데 네안데르탈*인이 있어.

구석기 시대의 뗀석기이다. 돌을 두드려 여러 면을 떼어 낸 다음 만들었다.

네안데르탈인*
1896년에 독일의 네안데르탈 계곡에서 발견되어 이런 이름이 붙었다. '지혜로운 인간'을 뜻하는 '호모 사피엔스'를 대표하는데, 유럽 여러 지역과 아시아에서 발견되었다.

네안데르탈인은 사냥, 낚시, 채집 등에 쓰려고 다양한 용도의 칼, 창끝, 긁개 등을 만들었어. 아직 뭉툭한 모양이긴 했지만 말이야. 그뿐만 아니라 바느질을 해서 옷을 만들어 입기도 했고, 간단한 집을 지어 살기도 했단다. 그리고 네안데르탈인의 유적지에서는 부싯돌이 자주 눈에 띄는데, 이것은 네안데르탈인이 불을 만들고, 익숙하게 다룰 줄 알았다는 뜻이겠지?

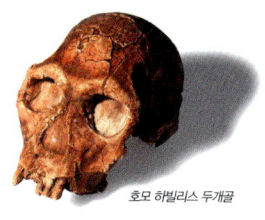
호모 하빌리스 두개골

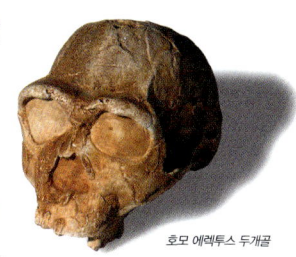
호모 에렉투스 두개골

네안데르탈인이 살았던 시기에 호모 사피엔스 사피엔스라는 새로운 인류가 나타났어. 이들은 호모 사피엔스보다 지혜가 더욱 발달했기 때문에 이름에 지혜를 뜻하는 '사피엔스'가 한 번 더 붙었지. 그 중 크로마뇽인은 더욱 다양한 도구를 만들었어. 돌이나 동물 뼈뿐만 아니라, 순록의 뿔이나 상아 같은 재료도 사용했지. 또 활이나 화살을 만든 흔적도 있어.

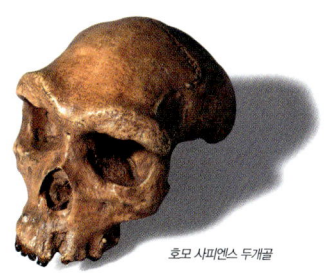
호모 사피엔스 두개골

인류가 진화하면서 뇌 용량도 커졌다. 뇌 용량이 커진 것은 그만큼 지능이 발달했다는 뜻이다.

네안데르탈인이나 크로마뇽인의 두드러진 특징은 죽음에 관심이 많았다는 거야. 그들은 무덤을 만들기도 했는데, 시체와 무덤을 장식하거나, 목걸이 같은 물건을 무덤에 같이 묻기도 했단다. 죽은 이를 너무 사랑해서 그랬을까? 아니면 사람이 죽으면 다른 세계에 갈 거라고 생각해서 그랬을지도 모르지.

학자들은 호모 하빌리스나 호모 에렉투스 그리고 그 이후에 출현한 인류가 서로 소리를 내거나, 말을 해서 의사소통을 했다고 생각한단다. 두개골 용량이나 턱뼈의 모양으로 보아 그들이 언어를 사용했을 거라고 추측한 것이지. 소리로 의사소통을 하는 동물은 그러지 못하는 동물과는 두개골의 크기도 다르고, 턱뼈의 구조도 다르기 때문이지.

인류가 말을 하게 되면서 여러 가지 변화가 생겼단다. 우선 몸으로 표현할 때보다 자신의 생각을 더욱 구체적이고 세련되게 표현할 수 있게 되었지. 예를 들면 좋은 기술, 맛있는 음식 만드는 법, 추위를 피하는 법 등을 서로 알려 주기도 하고, 무리들 사이에 문제가 생기면 몸으로 싸우기 전에 말을 통해 서로 이해하고, 화해할 수 있게 되었을 거야. 또 어디에 사냥할 짐승이 많은지, 어떻게 하면 더 좋은 사냥 도구를 만들 수 있는지 등 자신들의 경험을 다음 세대에 전달할 수 있게 되었어.

이렇게 하여 인류는 경험과 지식을 차곡차곡 쌓을 수 있었지. 그러면서 변화와 발전 속도도 더욱 빨라졌단다.

| 인류가 길고 긴 여행을 하다 |

아프리카에 살던 인류가 다른 지역으로 퍼져 나간 것은 언제부터일까? 학자들은 대체로 호모 에렉투스가 아프리카를 떠나 다른 지역으로 이동한 최초의 인류라고 본단다. 그리고 호모 사피엔스, 호모 사피엔스 사피엔스 역시 시기는 다르지만 아프리카를 벗어나 다른 지역으로 이동했지.

이들은 주로 간빙기*에 이동한 것 같아. 간빙기에는 날씨가 그나마 따뜻했으니 움직이기 수월했겠지. 그런데 왜 굳이 먼 길을 떠날 생각을 했을까? 모험심을 타고났기 때문일까? 아니면 먹을 것이 더 많은 곳, 좀 더 생활환경이 좋은 곳을 찾아 나섰던 것일까? 글쎄, 정답을 맞히기는 힘들 것 같구나. 다만 확실히 알

간빙기*
빙하기와 다음 빙하기 사이에 있는 기간으로 전후의 빙하기에 비해서 따뜻한 시기가 비교적으로 오래 계속되는 시기이다.

현생 인류가 세계 여러 곳으로 퍼져 나간 길을 표시한 지도이다. 현생 인류는 추위를 피하거나, 먹이를 찾아 이동을 시작했다. 아프리카를 벗어나 서아시아, 유럽, 아시아 곳곳으로 퍼져 나갔다. 그러면서 환경의 영향으로 점차 피부색도 달라졌다.

수 있는 것은 구석기 시대뿐 아니라, 그 뒤로도 인류가 계속 이동을 하며 삶의 터전을 마련했다는 것이란다. 때로는 추위를 피하기 위해서, 때로는 다른 종족의 침입을 받아 피난하기 위해서 등 여러 가지 이유로 끊임없이 이동했지.

그것은 아주 멀고 힘든 여행길이었을 거야. 생각해 보렴. 아프리카에서 유럽의 북쪽이나 아메리카, 또는 아시아의 동쪽 끝에 있는 한반도까지 무리를 지어 걷고 또 걷는 모습을! 바퀴를 이용한 운송 수단이 발명된 것은 겨우 6000년 전 무렵의 일이니, 구석기 시대 인류가 이동하는 데 의지할 것은 오로지 자기 발뿐이었겠지.

물론 어디까지 가겠다는 계획을 세운 것도, 반드시 가야 한다는 의무감이 있었던 것도 아닐 거야. 그러니까 같이 이동하던 사람들 가운데 어떤 이들은 도중에 무리에서 떨어져 나와 한곳에 머물러 살기도 했겠지? 다른 무리들은 또 다른 지역으로 이동했을 테고 말이야. 인류가 아프리카를 벗어나 다른 지역으로 옮기는 동안에도 빙하기는 거듭해서 닥쳐왔어. 하지만 인류는 혹독한 추위를 이겨 내고, 환경에 적응하면서 살아남았지. 그 과정에서 몇 종의 인류는 지구상에서 사라졌어. 지금까지 살아남은 인류는 호모 사피엔스 사피엔스뿐이란다. 이들이 지금 우리의 모습과 가장 가깝기 때문에 '현생 인류'라고 부르지.

현생 인류가 아시아, 아프리카, 유럽, 아메리카 곳곳으로 퍼져 나가는 데는 수만 년이라는 오랜 시간이 걸렸어. 현생 인류는 오랜 여행 끝에 다다른 곳의 기후와 풍토에 적응하느라 피부색이나 생김새가 각각 다르게 바뀌어 갔어. 지금 세계 곳곳의 사람들의 모습을 떠올려 보렴. 피부가 검은 사람, 노란 사람, 하얀 사람이 있는가 하면, 머리카락 색깔도 제각각이지. 이 모든 것이 현생 인류의 긴 여행 과정에서 비롯된 거란다.

그럼 구석기 시대에 인류는 무엇을 먹고, 어떻게 살았을까? 나무 열매나 야생 곡식을 따서 먹기도 하고, 땅속의 뿌리를 뽑아 먹기도 했지. 또 돌로 만든 도구를 이용해서 짐승들을 사냥해서 먹거나, 물고기나 가재 같은 것도 잡아먹었어. 이처럼 구석기 시대 사람들은 수십만 년 동안 주로 사냥과 채집을 하며 먹고 살았단다.

사냥을 할 때는 혼자보다 여럿이 힘을 합치는 것이 훨씬 수월했단다. 어떤 사람은 짐승을 몰고, 어떤 사람은 짐승을 잡는 등 일을 나누어 맡을 수 있으니까. 함께 잡았으니, 먹는 것도 함께했겠지? 그래서인지 구석기 시대 사람들이 만든 토기*는 지금 우리가 쓰는 밥그릇보다 5~10배 정도 크단다.

아마도 그릇 하나에 음식을 많이 담은 뒤 여럿이 같이 먹은 모양이야. 아니면 음식을 불에 익히거나, 보관할 때 사용하려고 크

토기*
흙을 빚어서 만든 그릇이다. 구석기 시대에 어떤 지역 사람들은 흙을 손으로 빚어 그릇을 만든 뒤에 햇빛에 말려 사용하기도 하고, 또 어떤 지역 사람들은 그 그릇을 불에 구워 단단하게 만들기도 하였다.

게 만들었는지도 모르지. 이처럼 함께 사냥하고, 음식을 함께 나누는 동안에 사람들은 점차 서로 돕는 데 익숙해졌을 거야.

사냥이나 채집으로 먹을거리를 마련하다 보니 구석기 시대 사람들은 옮겨 다니는 일이 잦았어. 머물던 곳에서 사냥감이나 열매 등을 찾기가 힘들어지면 먹을 것을 찾아 다른 지역으로 옮겨야 했거든. 그래서 한곳에 튼튼한 집을 지어 살기보다는 동굴 같은 곳에 머무는 일이 많았단다. 그렇다고 해서 구석기 시대 모든 인류가 동굴에 살았던 것은 아니야. 나무가 많은 아프리카에서는 나뭇가지로 간단한 집을 짓고 살았지. 또 유럽에서는 동물 뼈로 기둥을 세운 다음 그 둘레를 동물 가죽으로 덮기도 했어. 다른 곳으로 이동할 때는 뼈와 가죽을 챙겨 가서 다시 지었고. 오늘날의 텐트를 떠올리면 상상하기 쉬울 거야.

그런데 구석기 시대 사람들이 먹을거리를 찾아 떠날 때 무턱대고 아무 데로나 갔을까?

구석기 사람들은 짐승을 사냥해서 고기는 구워 먹고, 뼈는 도구로 사용했다. 그리고 가죽은 옷을 만들어 입기도 하고, 집을 짓는 데 이용했다.

동물을 사냥하는 모습을 바위에 그린 그림이다.

알타미라 동굴[*]
에스파냐 북부에 있는 동굴로, 내부에는 인류의 역사상 가장 오래된 벽화가 있다. 1879년에 한 소녀가 우연히 발견하였는데, 천장에 매머드, 들소, 사슴 등이 아주 생생한 모습으로 그려져 있다. 현재 세계유산목록에 등록되어 있다.

그건 아니란다. 인류는 계절과 기후의 변화에 따라, '이때쯤이면 어느 곳에 먹을거리가 많겠구나.' 하는 것을 경험을 통해 차츰 알게 되었어.

생각해 보렴. 날씨가 추운 겨울에는 짐승들도 겨울잠을 자고, 야생 열매도 거의 발견할 수 없잖니? 그러니 따뜻한 남쪽으로 방향을 잡았을 거야. 겨울에는 남쪽 지역에 먹을거리가 좀 더 많다는 것을 경험으로 익혔으니까. 이처럼 구석기 시대 사람들은 기후에 따라 일정한 간격을 두고 먹을 것을 찾아 주변 지역을 왔다 갔다 하면서 사냥과 채집 생활을 했을 거야.

| 인류가 동굴에 그림을 그리다 |

오스트레일리아의 돌벽, 유럽의 라스코 동굴과 알타미라 동굴[*]에는 구석기 시대에 그린 것으로 보이는 그림이 남아 있단다. 구석기 시대는 아직 문자가 만들어지기 전이라 사람들이 그림으

상처입은 들소를 그린 구석기 시대 후기의 동굴 벽화이다.

로 생각을 표현하려 한 것이지. 구석기 시대 사람들은 무슨 생각을 표현하고 싶었던 걸까? 먼저 어떤 그림을 그렸는지 살펴봐야겠지?

오스트레일리아의 돌벽에는 캥거루, 새, 사람처럼 보이는 그림이 그려져 있어. 또 프랑스 라스코 동굴에는 소, 사슴, 말을 그린 그림이 많아. 왜 이렇게 짐승을 많이 그렸을까? 아이들에게 그렇게 생긴 짐승을 보면 잡아야 한다고 가르치거나, 자기가 사냥으로 짐승을 많이 잡았다는 것을 다른 사람에게 자랑하고 싶었을까? 그것도 아니면 훌륭한 예술 작품을 남기고 싶었을까?

한마디로 결론짓기는 어렵지만 예술 작품을 남기기 위한 것은 아니었을 거야. 그보다는 짐승을 많이 잡고 싶다는 소망을 담아 그렸을 가능성이 더 크단다. 당시 사람들에게는 먹을거리를 마련하는 것이 무엇보다 중요했으니까, 사냥이 잘되게 해 달라고 빌면서 그림을 그리지 않았을까? 또 짐승들을 아주 크게, 많이 그린 것은 큰 짐승을 아주 많이 잡게 해 달라는 마음이 담긴 것이 아닐까?

여기서 우리는 구석기 시대 사람들이 그림을 통해 누군가에게 기도하는 예식을 했을 거라고 추측할 수 있어. 많은 동굴 벽화가 동굴에서 가장 접근하기 힘든 곳에 자리 잡고 있는 것으로 보아, 그곳이 종교 의식을 행하는 주술사만이 들어갈 수 있는 신성한 곳이 아니었을까 짐작하는 거야. 즉, 동굴에 그림을 그리는 일이 종교 활동의 일부였다는 것이지.

구석기 시대 말에 만들어진 빌렌도르프의 비너스 상이다. 구석기 사람들이 풍요를 기원하는 마음을 표현한 것이다.

• 클릭! 역사 속으로
빌렌도르프의 비너스

　옛날 옛날, 구석기 시대 후기의 일이야. 한 사람이 석회암을 가지고 무언가를 만들기 시작했단다. 한참 동안 돌을 깎아내더니, 마침내 11센티미터 정도 되는 조그만 여인의 조각상을 완성했지. 그리고 마무리로 조각상에 붉은 칠을 했어.
　"내 마음에 쏙 드는걸!"
　그 사람은 조각상을 소중히 간직했단다. 그러나 세월이 흘러 주인을 잃은 조각상은 땅속에 묻히고 말았지.
　그러고 나서 약 2만 2000년이 흐른 뒤, 오스트리아의 빌렌도르프에서 한 고고학자가 그 조각상을 발견했어. 발견한 곳의 이름을 따서 조각상에 '빌렌도르프의 비너스'라는 이름을 붙여 주었단다.
　빌렌도르프의 비너스는 우스꽝스럽게 생겼어. 가슴과 엉덩이는 지나치게 크고, 뱃살은 흘러내릴 듯해. 팔은 작고, 머리는 머리카락을 땋은 건지, 아니면 모자를 쓴 건지 알 수 없는 모양을 하고 있어.
　왜 이렇게 우스꽝스럽게 만든 것일까? 학자들은 아이를 많이 낳고 싶다는 바람에서 풍만한 여인을 만들었을 거라고 추측한단다. 한편, 뚱뚱한 몸은 구석기 시대에 높은 계층에 있는 사람을 나타내므로, 성공을 상징한다고 말하는 학자도 있어. 풍요의 여신이라는 주장도 있지. 무엇이 맞는지는 모르지만, 확실한 것은 빌렌도르프의 비너스가 인간의 모습을 담은 최초의 조각이라는 거야.

농경이 가져온 변화

지금부터 1만 년 전부터 인류의 생활에는 큰 변화가 일어났어. 그 변화가 무엇이냐고? 바로 인류가 농사를 짓기 시작했다는 거야. 그때도 여전히 돌로 도구를 만들었지만, 이전과 달리 돌을 아주 정교하게 갈아서 사용했지.

이처럼 돌을 갈아서 만든 도구를 간석기라고 하는데, 뗀석기 대신 간석기를 사용한 시기를 신석기 시대라고 불러. 새로운 석기를 사용한 시대라는 뜻이지. 신석기 시대 사람들의 생활 모습은 구석기 시대와는 많이 달랐단다. 지금부터 신석기 시대 사람들이 어떻게 살았는지 살펴볼까?

| 한곳에 머물러 농사를 짓다 |

기원전 약 9000~7000년 무렵, 그러니까 지금부터 약 1만 년 전부터 곡식을 재배하고, 가축을 기르기 시작한 사람들이 나타났어. 그렇다고 "오늘부터 신석기 시대다! 자, 농사 시작!" 하면서 농사를 시작하고, 완전히 농사에만 의존해 먹을거리를 구한 것은 아니란다. 지금도 봄이면 들에 나가 나물을 캐고, 가을이면 야생 과일을 따기도 하잖니? 신석기 시대에도 처음에는 농사보다 동물을 사냥하거나 나물을 캐고 과일을 따는 일이 더 많았을 거야. 그러다가 점점 농사를 많이 짓게 된 거지. 곡식이 주식이 된 뒤에도 여전히 과일이나 나물을 채집하는 것은 그만두지 않았단다.

곡물을 보관하는 신석기 시대 이집트의 토기이다.

그런데 왜 하필이면 이 시기에 농사를 짓기 시작했을까? 그건 이때의 기후가 농사짓기에 알맞았기 때문이야. 때마침 빙하기가 끝나고 기온이 올라가서, 건조하고 따뜻한 날씨가 길어졌지. 그런가 하면 곡식이 자라기 좋은 마른 땅도 넓게 생겼단다. 조건이 좋아지자 곡식들도 자연히 많이 자랐어. 그리고 그것을 본 사람들이 씨를 뿌려 농사를 짓기 시작한 거야.

그런데 마른 땅에서 농사를 짓다 보니 비가 내리지 않으면 큰일이었단다. 가뭄에 애가 탄 사람들은 비가 오게 해 달라고 하늘에 기도했지. 그리고 다른 방법도 찾기 시작했단다. 바로 강에 있는 물을 끌어다가 땅에 대는 방법이야. 그런데 아직은 물을 끌어대는 기술이 발달하지 않았기 때문에 농사짓는 땅이 강에서 너무 멀리 떨어져 있으면 안 되었지. 신석기 시대의 유적이 강가 근처에서 많이 발견되는 까닭이 여기에 있단다.

농사를 짓는 신석기 사람들 모습이다. 기원전 1만 년 전부터 사람들은 서서히 밀과 보리 농사를 지으며 정착 생활을 시작했다. 이들은 돌로 농사에 필요한 여러 도구를 만들어 사용했다.

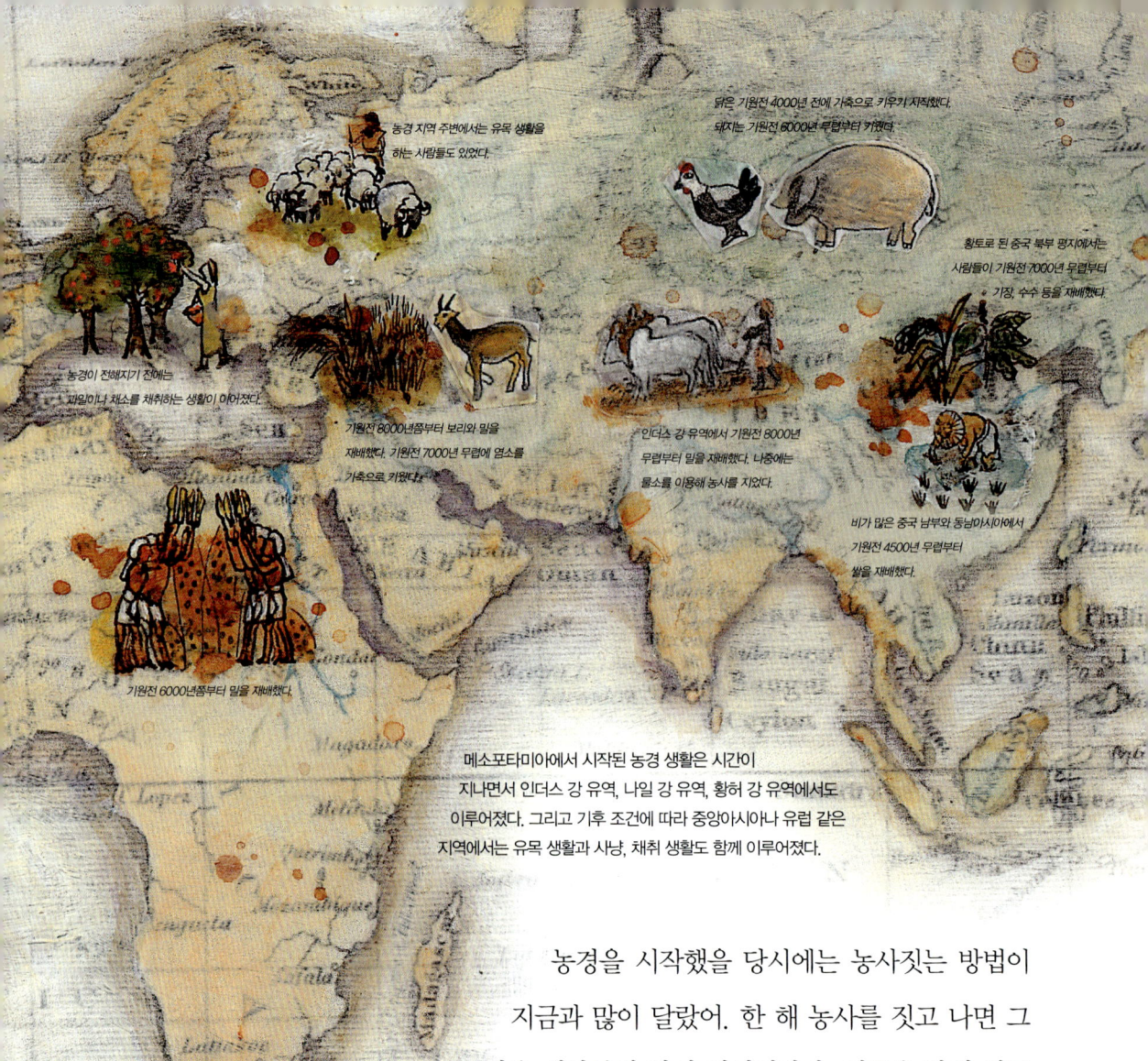

농경을 시작했을 당시에는 농사짓는 방법이 지금과 많이 달랐어. 한 해 농사를 짓고 나면 그 땅은 영양분이 많이 없어진단다. 지금은 땅에 비료를 주어 다시 영양분을 채우지만, 그때는 비료라는 것을 몰랐어. 그러다 보니 해가 갈수록 수확량이 줄어들었지. 그래서 생각해 낸 방법이 한 곳에서 농사를 지은 뒤, 그 다음에는 다른 곳에서 농사를 짓는 거야. 땅에 영양분이 다시 생길 때까지 기다리는 것이지.

인류가 농사를 지어서 먹을 것을 장만하기 시작한 곳 중 대표적인 곳이 지금의 이라크, 터키 남부, 시리아 등의 지역이야. 양

옆으로 큰 강인 티그리스와 유프라테스 강이 흐르는 곳이지. 그래서 이 지역을 메소포타미아, 즉 '두 강 사이의 땅'이라고 불렀어. 지금은 이 지역이 사막이지만, 1만 년 전에는 초원이 넓게 펼쳐져 있고, 곡식이 자라기 좋은 곳이었지.

메소포타미아 지역에 살던 사람들은 처음에 밀과 보리를 재배했어. 그리고 아직은 사람들이 쇠를 다룰 줄 몰랐기 때문에 나무나 돌로 농사에 쓰이는 도구를 만들어 사용했지. 거두어들인 곡식은 토기에 보관했어. 또 이 지역의 사람들은 야생의 동물 새끼를 집으로 데려와 키우다가 가축으로 기르는 방법도 알게 되었어. 양, 소, 돼지, 염소 등이 이 무렵부터 길들여 키우기 시작한 가축이란다.

비슷한 시기에 이집트의 나일 강 유역, 인도의 인더스 강 유역, 중국의 황허 강 유역에서도 농사를 짓는 사람들이 나타났어. 이들도 물길을 만들어 농사짓는 땅에 물을 대고, 야생 동물을 길들여 가축으로 키웠지. 그리고 각 지역의 토양과 기후에 알맞은 곡식이나 과일을 길렀어. 나일 강 유역에서는 밀을, 인더스 강 유억에서는 밀과 쌀을, 그리고 황허 강 유역에서는 귀리, 콩 등을 재배했단다.

그런데 인류가 농경을 시작했다고 해서 세계 모든 지역에서 농사를 지은 것은 아니야. 먹을 것이 풍부한 아프리카나 남아메리카 일부 지역에서는 여전히 채집과 사냥을 주로 했고, 기후나 토양이 농사짓기에 적당하지 않은 중앙아시아 일부 지역에서는 풀을 따라 일 년을 이동하면서 가축을 키우는 유목 생활*을 하기도 했어. 그곳은 넓은 초원이 있어서, 풍부한 풀을 먹이로 삼아 양, 염소, 말 같은 동물들을 키우기에 적당했거든.

언제부터 유목이라는 생활 방식이 생겨났는지는 정확하게 알 수 없어. 학자들은 지금부터 1만~4000년 전 사이에 시작되었을 거라고 생각해. 어쩌면 농사를 짓던 사람들이 중앙아시아 지역으로 이동하면서 기후와 토양 조건 때문에 농경을 포기하고 가축만 기르게 되었는지도 몰라. 또 어쩌면 농사짓는 일보다 가축을 키우며 사는 일을 더 좋아했는지도 모르지. 일 년 내내 농사에 매달리는 것은 무척 고된 일이어서 가축을 돌보며 사는 것이 더 편한 점도 있었거든. 이처럼 지역의 기후나 토양 등 여러 가지 자연 조건들에 따라 옛날에도 사람들의 생활 모습이 달랐단다.

유목 생활*
유목민들은 계절마다 하는 일도 정해져 있다. 봄에는 가축들의 출산, 여름에는 가축 기르기, 가을과 겨울에는 기른 가축들 가운데 일부를 먹을거리로 만들거나, 수를 늘리기 위해 임신을 시키는 일을 한다.

사람들의 생활과 생각이 변하다

앞에서 보았듯 모든 사람이 농사를 짓지는 않았지만, 농경이 시작되면서 인류의 생활은 놀랍도록 크게 바뀌었어. 그래서 농경의 시작을 '신석기 혁명'이라고 불러. '혁명'이란, 어떤 상태가 아주 빠르게 바뀌는 것을 뜻하지만, 실제로는 짧은 기간 동안 매우 큰 변화가 있었던 것은 아니란다. 인류는 수천 년에 걸쳐서 농사짓는 법을 개발하거나 개선했고, 또 가축을 기르는 방법도 배웠지. 그러니까 혁명이라는 말보다는 '전환' 또는 '변화'라는 말이 적당할 수도 있어.

농사를 짓기 전까지 인류는 사냥과 채집으로 그날그날의 먹을거리를 해결해야 했어. 어쩌다 짐승을 많이 잡으면 며칠 동안 배부르게 먹을 수 있었지만, 아무것도 잡지 못하면 며칠 동안 굶기도 했지. 이처럼 그 무렵의 인류에게는 먹고사는 것이 가장 큰 문제였어. 게다가 먹을 것을 찾아 계속 이곳저곳으로 옮겨 다녀야 했기 때문에 차분하게 먼 미래의 일을 계획하거나, 기술을 익힐 틈이 없었지.

그런데 농사를 짓고 가축을 기르기 시작한 뒤로 인류는 이런 불안한 생활에서

유목 생활을 하는 모습이다. 유목 생활은 기후나 토양에 따라 달라진 인류의 다양한 생활 모습 가운데 하나이다. 유목민들은 여름에는 가족마다 산의 경사면에 있는 평원에 흩어져서 가축들에게 풀을 뜯게 하고, 겨울에는 추위와 눈을 피할 수 있는 산 아래 계곡 사이에 모여서 함께 지냈다.

벗어날 수 있었단다. 농사를 지어 거둔 곡식은 오랫동안 보관해 두었다가 먹을 수가 있고, 집에서 기르는 가축도 필요할 때 잡아먹을 수가 있잖아. 그 덕분에 이제 적어도 하루에 한 끼나 두 끼는 안정적으로 먹을 수 있게 된 거야. 먹을 것이 넉넉해지자, 굶어 죽는 사람들이 줄어들어 인구도 크게 늘었어.

또한 사람들이 한곳에 머무는 기간이 길어졌어. 곡식의 씨를 뿌리고, 가꾸어 수확을 할 때까지는 한곳에 머물러야 하기 때문이었지. 사람들은 농사짓기 좋은 땅 근처에 점점 모여 살게 되었어. 이렇게 해서 최초의 마을이 나타났단다.

마을에서 사람들은 함께 가축을 기르고, 땅을 일구고, 도구를 만들었지. 이제 미래의 계획을 세우는 일이 가능해졌고, 기술도 차근차근 익힐 수 있었어. 덕분에 집을 짓는 기술, 옷감 짜는 기술, 도자기 만드는 기술 등 여러 가지 기술도 빠르게 발전했지. 그리고 집에서는 주로 부모와 자식으로 이루어진 가족이 함께 생활을 했어. 가족은 한집에 살면서 같이 일하고, 생산한 것을 같이 사용했지. 지금 우리는 가족이 한집에 사는 것이 아주 자연스러운 일, 당연한 일이라고 생각하지? 하지만 이렇게 가족이 한집에 살기 시작한 것도 농사를 지으면서 생긴 변화란다.

사냥과 채집을 주로 했던 구석기 시대에는 여럿이 함께 힘을 모아 사냥을 했어. 무리를 지어 생활하고, 먹는 것이나 자는 것도 함께 어우러져 했단다. 그러다 보니 땅이든 사냥한 짐승이든, 누구 한 사람의 것이 아니라 모두의 것이라고 여겼어. 농경을 시작할 무렵에도 이전처럼 힘을 합쳐 농사를 짓고, 수확물도 함께 나누었단다.

사유 재산*
여럿의 재산이 아니라 개인이 소유하고, 마음대로 처분할 수 있는 권리를 갖는 재산을 말한다.

하지만 농사를 지으면서 생활이 많이 바뀌자 사람들의 생각도 바뀌었어. 사람들은 점차 누가 더 많이 일했는지 따지고, 내 땅, 네 땅을 구별하기 시작했어. 특히 남들보다 많은 곡식을 거두기 위해 기름진 땅을 차지하려는 경쟁이 치열했지. 이렇게 내 것, 네 것이 구분되자, 남의 물건을 주인의 허락 없이 가져가는 것은 '도둑질'이 되었어. 이러한 변화를 어려운 말로 사유 재산*의 개념이 생겼다고 해. 나중에는 내 가족, 네 가족을 구별하여 내 가족에게만 물건이나 땅을 물려주었어. 그러면서 많은 땅과 재산을 가진 부유한 사람과 그렇지 않은 가난한 사람들이 생기기 시작했단다.

이처럼 사유 재산과 상속의 개념이 생기자 마을 사람들 사이에서 갈등과 분쟁도 늘어났어. 그에 따라 분쟁을 해결하기 위해 일정한 규칙을 만들기도 하고, 마을의 지도자를 뽑기도 했지.

이 무렵에는 과연 어떤 사람이 지도자로서 알맞았을까? 마을의 사정에 따라 조금씩 달랐을 거야. 농사가 가장 중요한 마을이라면 농사를 잘 짓는 방법을 아는 사람, 농사를 잘 지어 남보다 많이 거두어들인 사람이 지도자가 될 수 있었겠지?

그러면 외적이 자주 쳐들어오는 지역에서는 어떤 사람이 지도자로 적당했을까? 가장 싸움을 잘 하는 사람, 사람들을 조직하는 힘

인류는 자신이나 가족이 먹고 남은 곡물을 토기에 담아 보관했다. 그러면서 점차 사유 재산에 대한 개념이 싹텄다.

이 뛰어난 사람이 아니었을까? 또 신과 대화하여 사람들의 문제를 해결할 수 있는 신비한 능력을 지닌 사람이 지도자가 되었을 수도 있지.

지도자로 뽑힌 사람은 농사일보다 마을 공동의 일이나 분쟁을 해결하는 일에 더 많은 노력을 기울였고, 마을 사람들은 그의 말에 복종하게 되었지. 그러면서 지도자는 마을 안에서 가장 큰 영향력을 가진 사람이 되었고, 나중에는 자신의 결정을 따르지 않는 사람을 마을에서 내쫓거나, 벌을 주기도 했어. 이런 힘을 가진 사람을 권력자라고 하는데, 시간이 지나면서 권력자는 자신을 돕는 무리를 따로 거느리고 마을을 다스렸단다.

이처럼 농경과 정착 생활은 단순하게 사람들의 생활 모습만 변화시킨 것이 아니었어. 사람들의 생각, 사람들 사이의 관계도 크게 변화시켰고, 이런 변화는 시간이 갈수록 더욱 커졌지.

| **최초의 도시*가 나타나다** |

농경 기술이 점점 발달하면서 사람들은 자신과 가족이 먹을 것보다 더 많은 곡물을 생산할 수 있게 되었어. 그런데 사람은 먹을 것만 가지고는 살 수 없잖아. 곡물을 보관할 튼튼한 항아리, 질 좋은 농기구도 생활에 꼭 필요하지. 그런데 이런 것들은 아무나 만들 수도 없고, 쉽게 구할 수도 없었어. 그것들을 구하려면 어떻게 해야 했을까?

사람들은 먹고 남은 밀이나 보리, 동물의 가죽 따위를 다른

도시*
처음 생긴 도시는 생산의 기능보다는 물물 교환의 기능이 중심이 되는 공간이다. 다른 지역에서 생산된 곡식, 육류, 또는 그릇, 장신구, 소금 등을 도시에서 교환했다. 그리고 신을 모시는 신전이 있어, 신앙 생활의 중심지 역할도 했고, 도시 주변에는 성곽을 둘러 주변의 농경민을 외적의 침략으로부터 보호하기도 하였다.

메소포타미아에서 발굴된 놀이 기구이다. 숲과 들판의 동물들이 그려져 있다. 메소포타미아 사람들은 동물을 길들여 짐을 나르게 하거나, 농사에 이용했다.

사람이 갖고 있는 항아리나 농기구와 바꾸었어. 그러다 보니 항아리나 농기구를 만드는 솜씨가 뛰어난 사람은 농사를 짓지 않고도 먹고살 수 있었단다. 이들을 '장인'이라고 부르지.

이와 함께 장인이 만든 물건을 전문적으로 사고파는 상인이 생겼어. 상인은 수변에서 구할 수 없는 물건을 멀리까지 가서 구해 오기도 했어. 가령 산악 지대에 사는 상인들은 짐승 가죽을 소금이나 조개 껍데기와 바꾸려고 멀리 바닷가 마을까지

가기도 했지. 교통이 편리한 마을에는 여러 곳에서 온 상인들이 모여 물건을 사고팔 수 있는 시장도 생겼어. 그러자 시장을 중심으로 마을이 점점 커져서 마침내 도시가 되었지.

도시에 사는 사람들은 농사만 짓지는 않았단다. 오늘날의 도시를 생각해 봐. 다양한 일을 하는 사람들이 살고 있지? 물건을 파는 상인도 있고, 물건을 만드는 장인도 있고, 집을 짓는 건축가도 있고, 신과 대화할 수 있게 도와주는 성직자도 있고 말이야. 물론 신석기 시대의 도시는 지금과는 많이 달랐어. 직업도 지금만큼 다양하지는 않았지. 그래도 사람들이 살아가는 데 기본적으로 필요한 먹고, 자고, 입고, 또 신에게 의지하는 일 같은 것은 비슷했단다.

그런데 한 도시가 발전하고, 재물이 풍족하다고 소문이 나면, 주변 지역 사람들이 쳐들어와 약탈을 하고는 했어. 그래서 좀 부유한 도시에서는 외적의 침입을 막을 수 있는 방법을 찾아야 했단다. 이 무렵 도시의 모습은 예리코와 카탈 후유크를 통해 확인할 수 있어. 두 도시는 지금까지 발견된 것 가운데 가장 오래된 도시 유적지로 알려져 있지.

기원전 8000년 무렵에 생긴 예리코는 오늘날의 이스라엘 근처에 있는 오아시스 마을이었어. 그런데 예리코 주변에 당시에는 쉽게 구할 수 없는 소금*이 많이 있었어. 예리코 사람들은 그 소금을 다른 지역으로 가져가 필요한 물건과 바꿔 오기도 하고, 때로는 다른 지역 사람들이 소금과 바꾸려고 귀한 보석을 들고 오기도 했지.

예리코는 이렇게 다른 지역과의 교역 활동을 통해 점점 더 잘

소금*
소금은 사람이나 동물의 피가 잘 돌도록 하는 데 반드시 필요하다.
하지만 소금을 만드는 기술이 발달하기 전에는 쉽게 소금을 구하지 못했다. 그래서 소금은 비싼 값에 거래되었다.

살게 되었단다. 주변 지역에서는 호시탐탐 예리코를 약탈할 기회를 노렸지. 두려워진 예리코 사람들은 마을 주변에 돌로 벽을 쌓아 성을 만들었고, 성 둘레에 해자를 만들었어. 해자는 성 둘레에 판 깊은 웅덩이에 물을 채워 만드는 거야. 그 뒤 사람들은 다리를 통해서만 성을 드나들 수 있었지. 그리고 한쪽에는 높은 탑을 세워 적이 갑자기 쳐들어오지는 않는지 감시하기도 했어. 이처럼 초기의 도시에서는 사람들이 외적의 침략을 막기 위해 성을 쌓았단다.

카탈 후유크는 예리코보다 조금 나중에 오늘날의 터키 지역에서 발달한 도시야. 기원전 6500년 무렵에 만들어진 도시지. 도시의 흔적으로 추측해 보건대, 5,000명 정도가 살았던 도시라고 해. 지금의 도시와 비교하면 아주 작지? 하지만 당시로서는 아주 큰 도시였단다.

카탈 후유크 사람들은 소원을 빌기 위해 신을 모시는 신전을 짓고, 신의 모습을

최초의 도시로 알려진 예리코의 유적지 모습이다. 예리코 사람들은 처음에 농사를 짓고, 가축을 기르며 살았다. 하지만 시간이 지나면서 물건을 만드는 장인이나, 사고파는 일을 하는 상인들이 생겼다.

흙으로 빚기도 했어. 카탈 후유크의 유적지에서 흙으로 빚은 여신상이 발견되었는데, 여신은 양옆에 황소를 거느리고 있었어. 카탈 후유크 사람들은 여신을 숭배하는 한편, 황소를 귀하게 여긴 걸까?

카탈 후유크에서도 농사일보다 장사나 물건 만드는 일에 더 흥미를 느끼는 사람들이 늘어났어. 그래서 카탈 후유크에는 농부뿐만 아니라, 상인이나 대장장이, 토기장이 같은 장인들이 함께 살았지.

그런데 카탈 후유크는 예리코와 달리 도시를 보호하는 성벽이 없었어. 대신 집들을 겹치게 지어 서로 통할 수 있도록 만들었지. 그래서 외적이 쳐들어오면 집 안의 사다리를 타고 올라가서, 그 위에 있는 더 높은 건물로 들어갔대.

예리코와 카탈 후유크의 도시 유적에서 볼 수 있듯이 점점 농사가 아닌 다른 방식으로 살아가는 사람들이 늘어나고, 생활도 차츰 변해 갔어. 그러면서 작은 도시는 큰 도시로 발전하고, 많은 사람이 어울려 살면서 기술도 더욱 발전했지. 이를 바탕으로 마침내 문명이 탄생한단다. 문명에 대해서는 다음 장에서 살펴보자꾸나.

클릭! 역사 속으로
풍요의 여신, 이난나

"풍요의 여신 이난나여, 올해도 열매가 풍성하게 맺히도록 해 주십시오!"

"식물의 신 두무지여, 봄에 태어나는 싹에 생명을 주십시오!"

약 4000년 전, 수메르 사람들은 해마다 2~3월이면 이난나 여신과 두무지 신의 결혼을 축하하는 제사를 지냈어. 사람들은 삼나무 기름과 새 이불이 갖추어진 침실을 마련했지. 그러면 이난나와 두무지 역할을 맡은 사람 둘이 결혼식을 치러. 이들이 맺어지는 것은 곧 수메르의 농작물, 가축이 풍요롭게 크는 것을 뜻한단다. 이 행사는 메소포타미아 지역에서 꽤 오랫동안 계속되었어.

이난나는 창고의 여신이야. 창고는 나무 열매, 양털, 고기, 곡식 등 온갖 것을 담아 두는 곳이잖아? 그래서 이난나에게는 풍성하게, 많이 낳는다는 뜻으로, '다산의 여신'이라는 이름도 붙게 되었어.

두무지는 원래 목초지의 신이었어. 목초란 양을 키우는 유목민들에게 더없이 중요한 것이지. 그런데 유목 생활이 농경 생활로 바뀜에 따라, 두무지에게 바라는 것도 바뀌게 되었어. 농경을 하게 된 사람들에게는 목초보다는 곡물이 잘 자라는 게 중요했거든. 이제 두무지는 곡물을 주관하는 신으로 바뀌었지.

수메르에서 탄생한 이난나와 두무지 신은 그 뒤로 여러 지역으로 퍼져 나갔어. 다른 지역에 전해지면서 신화의 내용과 신들의 이름도 조금씩 바뀌었지. 바빌로니아 신화에서는 이난나를 이슈타르라고 부른단다.

우주 속의 지구, 시간, 인간

흔히들 인간이 지구에서 시간의 흐름과 함께 변화하고, 발전해 온 기록을 문자로 남기면서 역사가 시작된다고 말한단다. 하지만 인간이 문자로 역사를 남기기 이전, 아주 까마득한 시간부터 계속된 우주와 지구의 역사가 있었단다. 그러니까 150억 년 전에 우주가 생기는 큰 폭발이 있었고, 태양과 지구가 차례로 만들어졌지. 그리고 38억 년 전에 뜨거운 바다

지구의 탄생과 변화까지

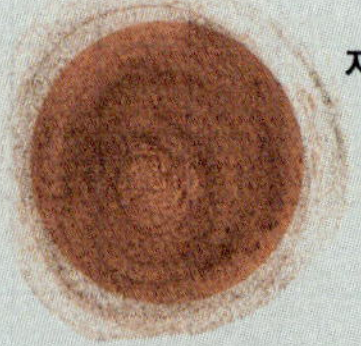

1. 46억 년 전에 생긴 최초의 지구는 먼지 구름과 소용돌이치는 가스로 둘러싸인, 새빨갛고 둥근 덩어리였다.

2. 44억 년 전부터 지구가 식고, 비가 날마다 폭포처럼 내리면서 바닷물이 크게 늘어나기 시작했다.

3. 약 38억 년 전부터 바다와 육지, 대기가 생겼다. 그리고 육지는 아주 오랫동안 거의 하나의 덩어리로 있었다.

인류의 탄생까지

38억 년 전
최초의 생명체인 박테리아가 나타났다. 박테리아는 20여 억 년이라는 오랜 시간 동안 진화를 거듭해 좀 더 복잡한 미생물로 진화했다.

약 8억 년 전
해조류가 나타났다. 해조류는 다시 녹색 식물로 진화해 지구의 환경을 바꾸기 시작했다. 지구는 점차 녹색별로 바뀌고, 산소가 만들어졌다.
그리고 6억 년 전쯤에 다세포를 가진 최초의 생물이 나타났고, 4억여 년 전에 등뼈를 가진 척추 동물이 나타났다.

3억 6000만 년 전
땅은 평평하고, 기후는 따뜻하고 습도가 높았다. 소철, 양치식물 같은 겉씨식물이 번성했다. 식물의 시대이다.

에서 최초의 생명체가 생겨났어. 그 뒤 이 생명체가 진화를 거듭해 지구에 인류가 나타나기까지는 37억여 년이라는 시간이 더 필요했어. 지구의 나이를 한 살로 친다면 인류 최초의 조상은 12월 31일 밤 8시가 넘어서야 나타난 셈이지. 그리고 지구의 모습 역시 오랜 시간에 걸쳐 변화를 거듭해 오늘날과 같은 모습으로 변했단다.

4. 2억 3000만 년 전 무렵부터 하나였던 육지가 하나 둘 갈라지고, 강과 산맥이 나타나기 시작했다.

5. 1억 4000만 년 전부터 인류가 역사를 펼쳐 갈 다섯 개의 바다와 여섯 개의 대륙이 만들어지기 시작했다.

2억 3000만 년 전

공룡이 지구의 주인공으로 떠올랐다. 땅과 바다와 하늘을 모두 공룡을 비롯한 여러 파충류가 지배했다. 공룡은 거의 1억 6000만 년 가까이 지구의 주인으로 살았다.

6500만 년 전

큰 기후 변화가 생겼다. 날씨가 무척 추워지면서, 울창한 숲이 대부분 말라 죽었다. 공룡의 시대가 지나가고, 조류와 포유류의 시대가 시작되었다.

400만 년 전

인류 최초의 조상이 아프리카에 나타났다.

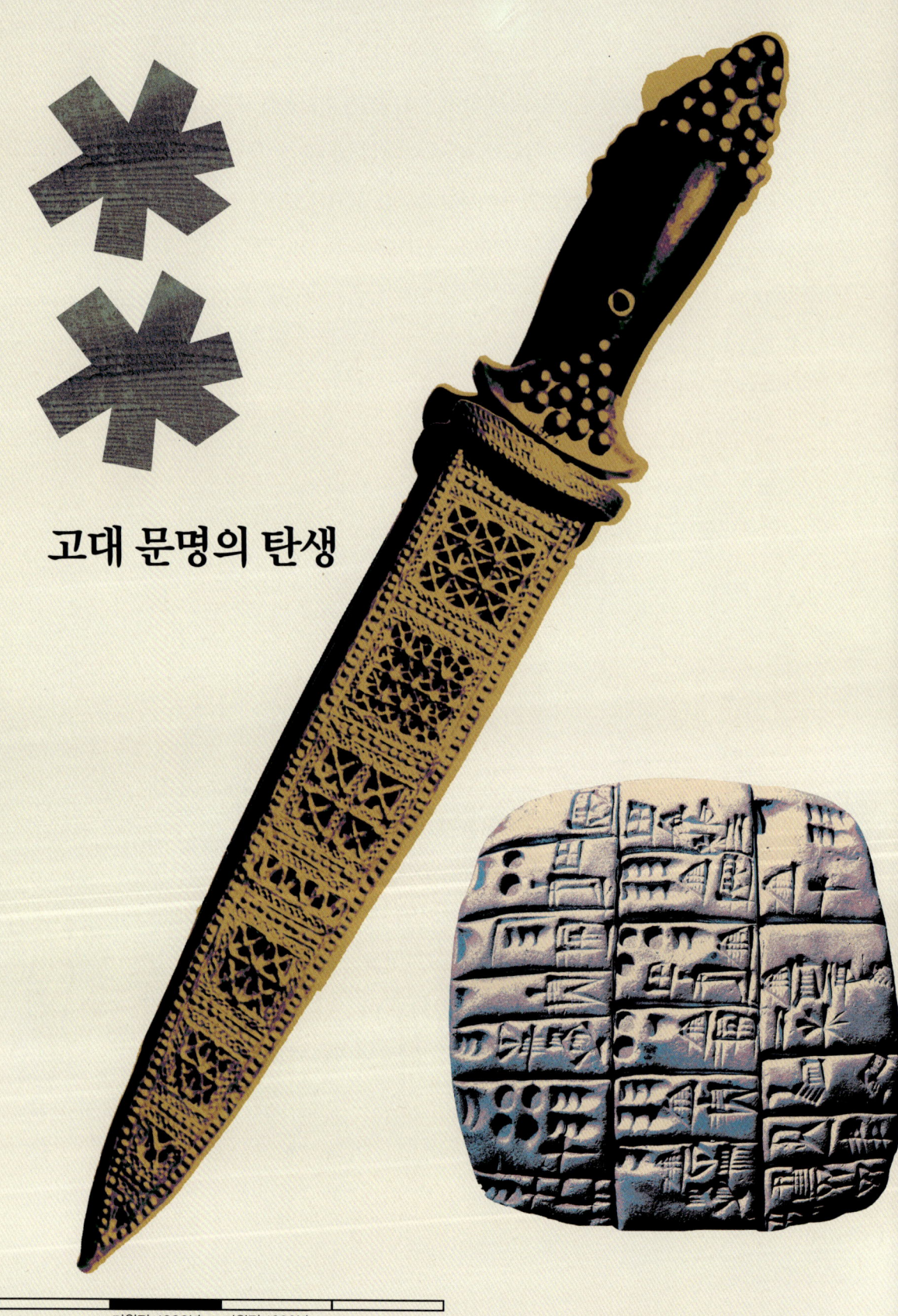

고대 문명의 탄생

기원전 4000년 ~ 기원전 1600년

인류가 **농사**를 짓고, 한곳에 머물러 살기 시작한 뒤 많은 시간이 흘렀어. 농사를 지어 거둬들이는 곡물은 많아지고, **인구도 늘었지**. 작은 마을, 작은 **도시**가 생기고, 그다음에는 좀 더 **큰 도시**가 나타났어. 때로는 도시들이 합쳐져 **국가**로 발전했지.

도시에는 왕과 귀족, 상인과 장인 같은 사람들이 모여 살았어. 도시 사람들은 서로 기술과 문화를 **교환**하며 새로운 기술을 개발했고, 사람들의 **신분**과 **계급**은 갈수록 엄격하게 나뉘었지. **문자**와 **법**도 만들어졌어. 이렇게 농사를 짓기 시작하면서 인류의 생활이 발전하고, 달라진 모습을 문명이라고 부른단다.

인류 문명이 먼저 **꽃을 피운 곳**은 대부분 큰 강을 끼고 있어. 큰 강 주변 지역은 물이 풍부하고, 강물이 기름진 흙을 실어 날라 농사를 짓기에 적당했기 때문이지. 그뿐만 아니라, **배를 타고** 강을 건너서 다른 지역과 **교류**하기도 좋았거든.

그런데 문명은 어느 순간 갑자기 탄생한 것은 아니란다. 이제 문명이 **어떻게 시작**되고, 어떻게 **발전**했는지 함께 살펴보자꾸나.

최초의 문명이 꽃핀 메소포타미아

인류가 처음 농경을 시작한 곳이 어디라고 했지? 그래, 메소포타미아 지역이야. 시간이 흐르면서 메소포타미아 지역의 농업 기술은 매우 발달해서, 다른 지역에 비해 먹을 것이 풍부했단다.

먹을 것이 풍부하다는 소문은 주변 지역에 널리 퍼졌어. 그 소문에 끌려 더 많은 사람들이 몰려들었지. 기원전 3500년 무렵, 메소포타미아 지역의 남부에 살던 수메르 사람들은 최초로 도시 국가와 문명을 탄생시켰단다.

| 도시 국가를 처음으로 만들다 |

메소포타미아 지역은 봄이 되면 겨울 내내 북쪽 산악 지역에 쌓였던 눈이 녹아 티그리스 강과 유프라테스 강으로 흘러 내려왔단다. 그러면 강물이 넘쳐흘렀고, 이때 강 상류에서 쓸려 내려온 진흙이 메소포타미아 남부 지역에 두껍게 쌓였어. 이 진흙에는 영양분이 가득해서, 곡식이 자라는 데 더없이 좋았지. 그런데 문제가 조금 있었어. 봄에는 흘러넘친 강물에 애써 일군 땅이 진흙탕이 되어 버리고, 여름과 가을에는 가뭄이 들기 일쑤여서 해마다 큰 피해를 당했지. 게다가 기후 변덕도 심해 미리 대비하는 것이 쉽지 않았어.

"어떻게 하면 안심하고 농사를 지을 수 있을까?"

수메르 사람들은 고민을 거듭했어. 그 결과 함께 힘을 모아 큰 저수지를 만들고, 농토 주변의 땅을 깊이 파서 강물의 흐름을 다른 곳으로 돌리는 방법을 찾아냈단다. 또 물길을 만들어 강에서 멀리 떨어진 땅까지 물을 대 농사를 지었지.

그뿐만 아니라 땅을 깊이 팔 수 있는 쟁기 같은 새로운 농기구도 만들었어. 쟁기 덕분에 진흙으로 농토가 뒤덮이더라도 훨씬 적은 노력으로 다시 농토를 일굴 수 있었어. 그러다 보니 한 사람이 경작할 수 있는 땅의 넓이도 늘어났단다.

이제 수메르의 비옥한 들판에서는 곡물이 무척 많이 생산되었고, 수공업이나 상업, 교역도 따라서 발달했지. 그러자 마을은 점점 커져 도시로 발전했어.

기원전 3500년 무렵에 수메르 지역의 도시는 열두 개가 넘었어. 이 도시들은 주변 농촌 마을을 아우르면서 국가로 성장했지. 최초의 도시 국가가 탄생한 것이란다. 도시 국가들은 각각 여러 가지 제도와 법을 만들어 주변 지역까지 통치하기도 했단다. 인구도 크게 늘어서, 도시 국가마다 2만~2만 5,000명 정도의 사람이 살았다고 해.

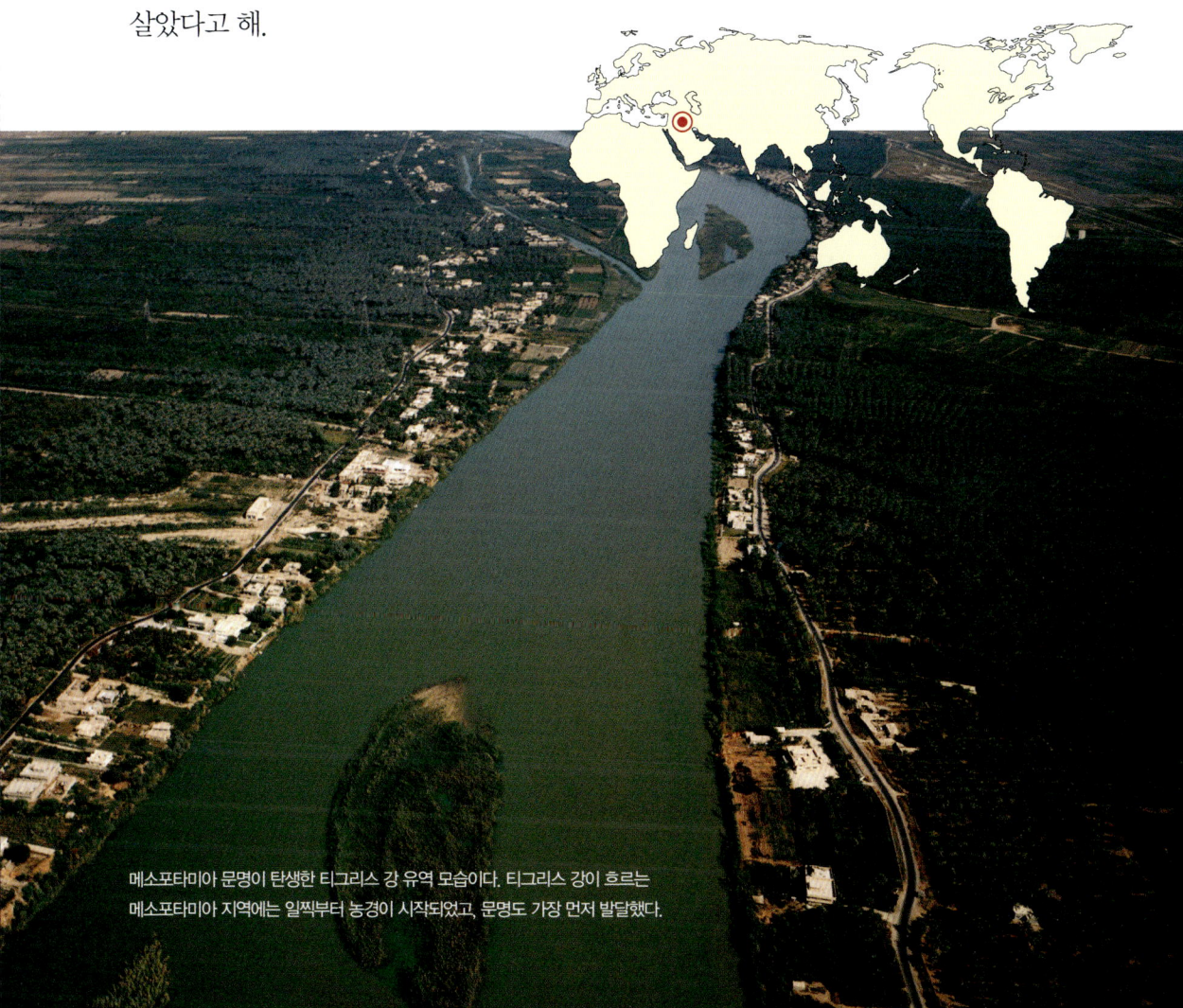

메소포타미아 문명이 탄생한 티그리스 강 유역 모습이다. 티그리스 강이 흐르는 메소포타미아 지역에는 일찍부터 농경이 시작되었고, 문명도 가장 먼저 발달했다.

도시 국가 초기에 수메르 사람들은 신*들이 세상을 만들고, 홍수나 가뭄 같은 자연 현상을 지배한다고 믿었어. 그리고 신마다 주관하는 일이 다르다고 생각했지. 어떤 신은 전쟁을 주관하고, 어떤 신은 농사를 주관하고 말이야. 심지어 쟁기질, 벽돌을 만드는 일 같은 아주 작은 일까지 신이 관리한다고 믿었지. 그래서인지 수메르 사람들은 3,000명이 넘는 신을 모셨단다. 아주 많지? 이렇게 많은 신을 모시는 종교를 '다신교'라고 한단다.

수메르 사람들은 자신들의 행복이나 불행이 모두 신의 뜻에 달렸기 때문에 신을 잘 모셔야 한다고 생각했어. 그래서 도시 중앙에 여러 층의 탑을 쌓고, 그 위에 커다란 신전을 만들었지. 이런 구조물을 '지구라트'라고 해. 도시들마다 믿는 신이 달랐기 때문에, 신전마다 모시는 신도 달랐단다. 도시 중앙에 우뚝 솟은 지구라트는 수메르 사람들의 생활 중심지였고, 신전을 지키는

수메르의 신*
수메르의 중요한 신들로는 하늘의 신인 안, 땅의 신인 키, 물의 신인 엔키, 폭풍우와 바람의 신인 엔릴, 태양의 신 우투, 풍요의 여신 이난나 등이 있다. 수메르의 신들은 바빌로니아를 비롯해서 아시아 여러 나라에 전해졌다.

신관은 도시의 지도자 역할을 했어. 자연 재해나 전쟁이 일어나면 신관이 신에게 도시의 운명을 물어 대답을 구하기도 하고, 또 도시의 미래를 예언하기도 했지.

시간이 지나면서 도시는 더욱 커지고, 인구도 많아졌어. 그러자 도시 국가들은 더 많은 농토가 필요해졌지. 도시 국가들끼리 땅을 두고 자주 전쟁을 벌이게 되었고, 군대를 지휘하는 장군의 역할이 점점 중요해졌어. 그러면서 도시 국가의 중심도 점차 신관에서 장군으로 옮겨 갔지. 마침내 힘센 장군이 왕이 되어 도시 국가를 다스렸고, 왕을 돕는 관리들도 생겼어. 이렇게 해서 맨 위에는 왕, 그 아래에 귀족, 그 아래에 여러 단계의 관리, 평민 등으로 이루어진 피라미드 모양의 사회 구조가 생겨났단다. 그리고 평민 밑으로는 노예가 있었어. 전쟁에서 포로가 된 사람들이나, 빚을 못 갚은 사람들이 노예가 되었지.

전쟁이 거듭되면서 힘센 도시 국가는 주변의 작은 도시 국가들을 하나 둘 정복하여 점점 큰 국가로 발전했단다. 이런 힘센 국가들 가운데 키시, 라가시, 움마, 우르,

우르 도시의 지구라트이다. 기원전 2100년 무렵 달의 신 난나를 모시기 위해 세워졌다.

우루크 등이 있었어. 그 중에 우루크는 가장 힘이 세어서 기원전 2300년 무렵까지 수메르의 도시 국가 대부분을 지배했단다.

그런데 수메르의 도시 국가들은 외적의 침략에 자주 시달려야 했어. 왜 그랬을까? 가장 큰 이유는 주변 지역의 부러움을 살 만큼 풍요로웠기 때문이지. 또 다른 이유는 지리적인 위치 때문이야. 수메르 도시 국가들은 아시아와 아프리카의 길목에 있었고, 평야 지대라 다른 민족이 침략하기에도 수월했지. 이밖에도 수메르의 선진 문명을 받아들인 셈 족*을 비롯한 주변의 여러 민족들이 수메르를 위협할 정도로 빨리 성장한 것도 한 이유로 들 수 있어.

셈 족*
서남아시아의 공용어였던 셈 어를 쓰는 민족으로, 오늘날 아랍 사람들의 조상이다. 원래는 여기저기를 떠돌던 유목 민족이었는데, 기원전 3000년 무렵에 수메르 주변 지역에 자리 잡아, 수메르 문명의 영향을 받았다.

수메르 사람의 손에서 문명이 시작되다

수메르 사람들은 아주 일찍부터 다른 지역에 사는 사람들과 물건을 교환하는 교역에 나섰어. 농사나 생활에 필요한 도구를 만들거나, 지구라트 같은 대규모 건축물을 지으려면 나무나 돌 또는 쇠붙이가 꼭 필요했는데,

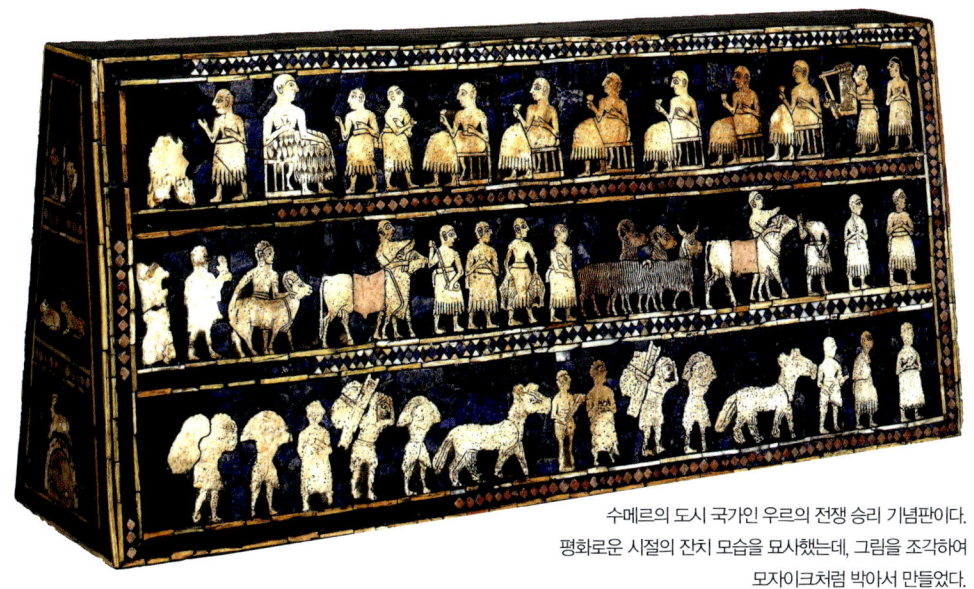

수메르의 도시 국가인 우르의 전쟁 승리 기념판이다.
평화로운 시절의 잔치 모습을 묘사했는데, 그림을 조각하여
모자이크처럼 박아서 만들었다.

수메르 지역은 평야 지대라 그런 것들을 쉽게 구할 수 없었기 때문이지.

처음에는 물건을 주로 당나귀 같은 동물의 등에 실어서 나르거나, 사람이 직접 날랐어. 그런데 그런 방법은 힘도 들고 물건을 한꺼번에 많이 나를 수도 없었어. 그래서 수메르 사람들이 발명한 것이 바퀴와 돛이란다. 바퀴와 돛은 획기적인 발명품이었지. 수레에 바퀴를 달아 소나 말이 끌게 하면 힘도 적게 들고, 많은 짐을 한꺼번에 많이 운반할 수 있었어. 돛은 배를 젓는 노력을 덜어 주고, 좀 더 큰 배를 만들어 멀리까지 갈 수 있도록 해 주었지.

수메르 사람들이 만든 발명품 가운데 바퀴와 돛 말고도 인류 역사에 남는 또 하나의 작품이 있어. 그것은 바로 문자란다. 문자는 다른 사람과 지식을 나눌 수 있는 수단이 되고, 일일이 기억할 수 없는 많은 사실을 기록으로 남길 수 있어서 문명의 발전에 꼭 필요한 것이지.

수메르 사람들은 기원전 3100년 무렵에 최초로 문자를 만들어 사용했어. 그 문자를 쐐기 문자 혹은 설형 문자라고 불러. 점토 위

57

수메르 사람들이 발명한 쐐기 문자를 새긴 점토판이다. 쐐기는 앞 끝의 각도가 작으며 단면이 V자 형태를 이루도록 나무나 쇠붙이를 깎아 만든 것이다.

60진법 *
수를 나타내는 방법의 하나로 60씩 한 묶음으로 하여 자리를 올려가는 방법이다. 현재에도 60초를 1분, 60분을 1시간으로 하는 시간 단위와 각도의 단위 등에 사용된다.

에 갈대나 금속으로 새겨 써서 문자의 선이 쐐기로 찍은 것처럼 생겼기 때문이지.

그런데 수메르 사람들은 왜 문자를 만들었을까? 그 이유를 정확하게 알 수 없지만, 몇 가지 짐작을 해 볼 수는 있단다.

먼저 상업이 발달하고, 다른 지역과의 교역도 활발해지면서 문자가 필요했을 거야. 주변의 가까운 사람과 한두 가지 물건을 거래하는 정도는 쉽게 기억할 수 있어. 하지만 다른 지역에서 온 낯선 사람과 거래할 일도 많아지고, 거래하는 물건도 늘어나면 무엇을 얼마나 거래했는지 일일이 다 기억하기가 힘들 것 아냐? 그래서 정확하게 거래를 하려고 문자로 적어 둘 필요가 생겼을 거야. 수메르의 상인들은 문자로 영수증, 어음, 신용장 같은 것들을 만들어 사용했단다. 덕분에 교역이 더 체계적으로 이루어졌지.

또 수메르 사람들은 대부분 농사를 지었는데, 농사를 잘 짓기 위해서도 문자가 필요했어. 왜냐고? 농사를 잘 지으려면 무엇보다 날씨와 계절에 맞추어 일하는 것이 중요해. 그런데 메소포타미아 지역은 기후 변덕이 심해 언제, 무엇을 해야 하는지를 정확히 알기 힘들었어. 수메르 신관들은 궁리 끝에 계절과 날씨 변화를 알 수 있는 달력을 만들기로 했어. 그런데 달력을 만들려면 태양이나 달, 별의 움직임을 꾸준히 관찰해 기록으로 남길 문자가 있어야 했지.

수메르 사람들은 이렇게 하늘을 관측하며 천문학 지식을 많이 쌓았고, 태음력도 생각해 냈어. 태음력이란 달의 모양이 변하는 주기를 보고 날짜를 계산하는 달력법이야. 태음력은 농경에 유용해 농사를 짓는 다른 지역에도 전해져 큰 영향을 끼쳤지.

문자와 천문학뿐만 아니라 수메르 사람들은 셈법과 측량 기술 분야에서도 많은 업적을 남겼어. 수메르 지역은 홍수가 잦았기 때문에 홍수로 강물이 넘쳐 주변 농토를 덮치고 나면 '여기까지는 내 땅, 저기까지는 네 땅'이라고 표시해 둔 구분선이 사라졌단다. 그러면 누가 땅 주인인지 가리기 위해 땅을 다시 재야 했어. 그래서 정확한 측량 기술과 셈법이 필요했지.

게다가 수메르 사람들은 자주 외적으로부터 침략을 당했기 때문에 성벽을 쌓는 일이 많았고, 신을 모시는 지구라트, 농사에 필요한 대규모 관개 시설들을 튼튼하고 보기 좋게 만들기 위해서도 길이나 높이를 제대로 잴 필요가 있었지. 그래서 수메르 사람들은 60을 하나의 단위로 사용하는 60진법*을 개발하고, 곱셈, 나눗셈법까지 발견했어. 심지어 제곱근과 세제곱근을 구하는 법도 알아냈다고 해. 오늘날 우리가 알고 있는 많은 수학 지식들을 수메르 사람들이 만든 셈이지.

한편 수메르 사람들은 농사를 위해 수로를 만들거나, 외적을 막기 위해 성을 쌓을 때 많은 사람이 함께 일을 해야 했어. 지금은 사람들이 돈을 받고 일을 하지. 하지만 아마도 그때는 사람들이 공동으로 사용한 것, 예를 들면 댐이나 수로, 신전이나 성벽을 쌓는 것은 모두에게 필요한 일이었으니까 돈을 받지 않고 일했을 거야.

그렇다고 모든 사람이 늘 '그래, 빨리 가서 부지런히 성벽을 세워야지.'라고 생각하지는 않았겠지? 때로 쉬고 싶거나 다른 일을 하고 싶어서 몰래 빠지는 사람들도 있었을 거야. 이런 문제를 해결하기 위해서는 관리들과 통치 조직이 필요했어. 이렇게 발달한 수메르의 통치 조직도 훗날 서아시아에 등장한 여러 나라에 전해져 큰 영향을 끼쳤단다.

이처럼 수메르 사람들은 바퀴와 돛, 문자, 천문학과 셈법, 그리고 통치 조직까지 여러 분야에서 많은 업적을 남겼단다. 그래서 흔히들 수메르 문명을 '인류 문명의 요람'이라고 해. 아기가 요람에서 자라듯, 수메르 사람들이 일군 문명이 점점 다른 지역으로 알려지고 발전해서 오늘날 우리가 누리는 문명이 되었다는 뜻이지.

『함무라비 법전』을 만들다

기원전 2300년 무렵, 메소포타미아 근처의 사막과 초원 지역을 떠돌던 셈 족이 수메르에 쳐들어왔어. 분열되어 다투던 수메르의 도시 국가들은 셈 족에게 힘없이 무너지고 말았단다. 그 뒤로 수메르 사람들은 힘을 합쳐 다시 왕조를 일으키기도 했지만, 어느 순간 역사에서 사라지고 말았어. 이렇게 해서 수메르 시대는 끝나고, 바빌로니아 왕국의 시대로 접어든단다.

바빌로니아 왕국 초기에 바빌로니아 사람들은 수메르의 앞선 농사 기술, 통치 방법, 교역 방법, 과학과 수학 등에 많은 영향을 받았어. 그렇다고 수메르의 문명을 받아들이기만 한 것은 아니

함무라비 왕이 재판을 하고 있는 모습이다. 함무라비 왕은 법을 통해 왕국의 통합을 유지하려고 노력했다.

야. 점차 자기들에게 맞는 방식으로 문명을 새롭게 발전시키기도 했지. 가장 대표적인 것이 법이란다.

사람들 사이에 일어나는 갈등을 조정하고, 나라의 질서를 유지하기 위해서는 법이 필요해. 만약 왕이나 관리가 백성들을 다스릴 때 기준 없이 마음대로 한다면 백성들이 잘 따르지 않겠지? 그래서 수메르 사람들도 법을 만들었지만, 수메르는 도시마다 법이 달랐어. 어떤 도시에서는 범죄가 되는 행동이 다른 도시에서는 범죄가 아닐 수도 있다 보니 서로 다른 도시 사람들 사이에 문제가 생기면 해결하기가 어려웠지. 이런 문제를 해결한 사람이 바로 바빌로니아의 함무라비 왕이야. 그는 어떻게 하면 나라를 더 잘 다스릴 수 있을까 고민하다 이런 생각을 했어.

'왕국 안의 여러 도시에 똑같이 적용할 수 있는 법을 만들면 어떨까? 모든 도시를 같은 법으로 다스리면 지금처럼 도시마다 통치자가 있을 필요도 없고, 내가 왕국의 사람들을 모두 효과적으로 다스릴 수 있을 것이다. 게다가 도시 사이에 교류도 더 활발해지겠지?'

함무라비 왕은 신하들에게 명령했어.

"왕국 안의 모든 도시로 가서 어떤 법들이 있는지 알아보고 오너라! 그리고 그 법들을 모두 모아서 법전을 만들어라!"

이렇게 해서 완성된 것이 『함무라비 법전』이야. 함무라비 왕은 법을 만든 뒤, 왕국 내 여러 지역에 그 법전을 새긴 비석을 세웠어. 법을 통해 왕국의 통합과 통일을

『함무라비 법전』을 새긴 비석이다. 비석 머리에 새겨진 조각은 함무라비 왕이 태양신 샤마시에게 왕권의 상징인 긴 막대기와 반지를 받는 모습을 새긴 것이다. 법전은 비석의 앞면과 뒷면에 새겨져 있다.

기원전 600년 무렵에 만들어진 신바빌로니아 왕국의 세계 지도이다.

신바빌로니아[*]
바빌로니아 남부에 살던 칼데아 사람들이 세력을 키워 기원전 612년에 아시리아를 멸망시키고 세운 나라이다.
신바빌로니아 왕들은 바빌로니아 왕국의 함무라비 시대를 계승하기 위해 노력하였다.
신바빌로니아 시대에는 점성술을 비롯한 천문학과 높은 수준의 건축 기술이 발달했다.

유지하려고 애쓴 거야. 그리고 왕국 안에서 일어나는 모든 문제를 왕의 정부가 나서서 해결한다는 의지를 널리 알린 것이지.

함무라비 법은 282개의 조항으로 되어 있는데, 가족 관계, 상인들의 물건 거래 등 여러 가지 내용을 다루고 있어. 특히 상인, 교역, 재산과 관련된 내용이 많은 것을 보면, 당시 바빌로니아에서 상업과 교역이 활발하게 이루어졌다는 것을 짐작할 수 있어. 그리고 함무라비 법에는 '눈에는 눈, 이에는 이'라는 원칙이 적용되어 있단다. 즉, 사람을 죽인 자는 사형에 처하고, 남에게 손해를 입힌 자는 몇 배로 갚아야 한다는 식이지.

하지만 함무라비 법과 원칙이 모든 사람에게 똑같이 적용된 것은 아니란다. 같은 죄를 지었어도 가난한지 부유한지에 따라, 귀족, 평민, 노예 등의 신분에 따라, 남자인지, 여자인지에 따라서도 법과 원칙이 달리 적용되었지.

사회마다, 또 시기마다 좀 달랐겠지만, 전쟁이 많았던 시기, 또 힘이 많이 필요한 일을 많이 해야 하는 시기에는 힘을 잘 쓸 수 있는 남성이 여성보다 사회적으로 더 높은 대우를 받았던 것 같아. 그리고 남성들이 사회를 지배하게 되면서는 법이나 관습 등을 통해서 계속 여성보다 남성에게 더 많은 기회도 주고, 더 많은 권리를 주었던 거지.

함무라비 법에 담긴 이런 원칙은 바빌로니아 왕국이 몰락한 뒤에도 아시리아, 신바빌로니아[*] 등 서아시아 지역에 세워진 여러 나라에 큰 영향을 주었어.

클릭! 역사 돋보기
함무라비 왕과 법전

기원전 1750년 무렵, 바빌로니아에서 한 의사가 재판을 받고 있었어. 얼마 전 환자를 수술했는데, 환자가 그만 죽고 말았거든.

"여봐라, 저 의사의 손목을 잘라라!"

의사의 얼굴은 파랗게 질렸지. 하지만 『함무라비 법전』218조에 '의사가 수술을 하다 사람을 죽게 하면 의사의 손목을 자른다.'라는 내용이 있었으니, 어쩔 수 없는 일이었어.

재판을 지켜보던 다른 의사들이 수군거렸어.

"이제 수술도 마음대로 못하겠군. 수술 대신 약초를 써야겠어."

엄격한 『함무라비 법전』 때문에 의사들은 약초를 개발하는 데 힘을 기울였대.

『함무라비 법전』을 만든 함무라비는 바빌로니아 왕국의 여섯 번째 왕으로, 기원전 1792년부터 기원전 1750년까지 나라를 다스렸어. 함무라비 왕은 메소포타미아 지역의 여러 나라를 차례로 정복해서 바빌로니아 왕국을 아주 넓은 영토를 가진 나라로 만들었어. 넓은 영토와 많은 사람을 잘 다스리기 위해 그는 제도를 다듬고 법을 만들었지.

오늘날까지 전해지는 『함무라비 법전』의 서문에는 함무라비 왕이 신의 뜻에 따라 여러 종족을 통일하고, 지상의 지배권을 가진다고 적혀 있어. 그 내용은 다음과 같단다.

"신들께서 위대한 왕 함무라비를 부르시며, 이 땅에 의로운 법을 세우고 사악한 자를 물리쳐 강한 자가 약한 자를 괴롭히지 못하게 하라 하셨다. 샤마시 신처럼 백성을 잘 다스려 이 땅을 밝게 하고 나아가 전 인류를 복되게 하라 하셨다. 마르두크 신께서 나를 보내시어, 사람들을 다스리고 이 땅을 보살피며 정의를 세워 억눌린 자들을 행복하게 하라 하셨다."

나일 강과 인더스 강이 낳은 문명

수메르 사람들이 티그리스 강과 유프라테스 강 사이에서 문명의 꽃을 피운 것과 비슷한 시기에 이집트의 나일 강과 인도의 인더스 강 유역에서도 다른 문명이 꽃피고 있었단다.

두 지역 사람들 모두 수메르 사람들과 마찬가지로 도시와 문자, 천문학이나 수학 같은 학문을 비롯하여 다양한 기술을 발달시키면서 특색 있는 문명을 이룩했어. 게다가 서로 교류하며 영향을 주고받기도 했지. 이들이 어떻게 자신들의 문명을 만들고, 발전시켰는지 함께 살펴보자꾸나.

| 파라오가 절대적인 권력을 누리다 |

옛날 그리스의 역사가인 헤로도토스는 자신의 책에서 이집트를 '나일 강의 선물'이라고 했어. 이 말은 이집트 지역 사람들이 나일 강 덕분에 잘 살 수 있었고, 번영을 누렸다는 의미야.

사람들이 아프리카 북부의 나일 강 유역에 모여들기 시작한 것은 약 1만 년 전이었다고 해. 이 지역에 물이 풍부하고, 과일이나 야생 동물 같은 먹을 것이 많았기 때문이지. 특히 나일 강 하류의 땅은 아주 기름져서 일 년에 세 번까지 수확을 할 수 있었대. 그래서 많은 사람들이 나일 강 유역에 정착하여 농사를 지었고, 사람들이 점점 더 모여들면서 인구가 아주 빠르게 늘었지. 그러자 나일 강을 따라 여기저기에 크고 작은 마을이 생기고, 마을끼리 교역이 활발해지면서 도시들이 생겨났어. 기원전 5000년 이후에는 나일 강 상류의 누비아와 하류의 이집트에서 작은 왕국들이 발전했어.

그러던 중 기원전 3100년쯤이 되자, 나일 강 상류에 있는 한 도시의 왕인 메네스가 여러 도시를 하나로 합쳐 이집트 왕국을 세웠어. 그리고 오늘날의 카이로 근처에 수도를 정하고 왕국을 다스렸단다.

이집트는 메소포타미아와 달리 바다와 사막으로 둘러싸여 있어서 외적이 쉽게 쳐들어오지 못했어. 그래서 이집트는 오랫동안 평화로운 시기를 보냈지만, 나일 강 상류에 있는 누비아와는 늘 긴장감이 돌았지. 그렇다고 두 나라가 다투기만 한 것은 아냐. 서로 초기부터 영향을 주고받으며 발전했지. 예를 들면 이집트는 누비아의 정치 체제에 영향을 주기도 하고, 누비아를 통해 사하라 사막의 남쪽에서 나는 작물을 키우는 법이나 소와 당나귀 같은 가축을 기르는 방법을 배우기도 했지.

이집트 문명을 탄생시킨 나일 강이다. 나일 강은 매년 정해진 시기에 넘쳤는데, 강이 넘치고 나면 비옥한 흙이 쌓여 농사를 짓기 좋았다.

파라오*

이집트 사람들은 왕의 이름을 직접 부르는 것을 예의가 없는 짓이라고 생각했다. 그래서 그들은 왕을 '큰 집'이라고 불렀다. 파라오는 '큰 집'이라는 뜻의 이집트 문자에서 유래한 것이다. 그리고 파라오는 갈고리와 도리깨를 지니고 다녔는데, 이것은 그가 백성을 이끄는 사람이자, 보호자라는 것을 보여주기 위한 것이다.

이집트 사람들은 왕을 파라오*라고 불렀어. 파라오는 나라를 다스리는 왕이자, 군대를 이끄는 장군이었고, 또 종교를 맡아 관리하는 신관이었어. 이집트 사람들은 파라오가 태양을 띄우고, 홍수를 일으키며, 곡식을 자라게 한다고 생각했어. 즉, 파라오는 이집트 사람들에게 그냥 왕이 아니라, 태양신의 아들이자 살아 있는 신으로서 전지전능한 힘을 갖는 절대적인 존재였던 거야. 그래서 이집트 사람들은 파라오가 죽더라도 그의 영혼은 늘 다시 탄생한다고 믿었어. 종교를 주관하는 신관과 나라를 다스리는 왕이 따로 있었던 메소포타미아와는 다른 모습이지.

파라오를 중심으로 이루어진 이집트 사회의 구조는 피라미드

같았어. 피라미드의 맨 위에는 파라오가 있고, 그 밑에는 신을 모시는 신관들과 기록을 하는 서기, 관리, 귀족 들이 있었지. 그다음에는 상인과 기술자 들이 있고, 가장 밑에는 농민이 있었단다.

 이집트의 농민들은 여자, 남자, 어른, 아이 할 것 없이 모두 농사일을 했어. 그리고 강이 넘쳐흘러서 농사일을 할 수 없는 시기에는 남자들이 길을 만들거나, 사원을 짓거나, 피라미드를 만드는 데 가서 일하기도 했지.

이집트 초기의 배를 본떠 만든 토기이다. 이집트의 배는 나일 강변에서 자라는 갈대인 파피루스 다발을 엮어서 만들었다.

이집트에서는 여자와 남자 모두 재산을 가질 수 있었고, 또 여러 가지 직업을 갖기도 했어. 여자 귀족들 가운데에는 신을 모시는 일을 하는 사람도 있었지. 그러니까 직업이나 사회적 지위에서 여성과 남성 사이에 큰 차이가 있었던 것 같지는 않아.

 한편 이집트는 주변이 온통 사막으로 둘러싸여 있기 때문에 나일 강이 가장 중요한 교통로였어. 이집트 사람들은 배를 타고 나일 강 상류와 하류 사이를 오갔어. 그리고 때로는 나일 강을 따라 지중해까지 나가서, 지중해 주변의 다른 나라들뿐만 아니라 메소포타미아의 나라들과도 활발하게 교역을 했단다. 그러면서 메소포타미아 여러 나라에서 새로운 기술이나 통치 방법을 배우기도 하고, 지중해의 문명에 영향을 주기도 했지. 이처럼 다른 나라와의 교역이 발달하면서, 나일 강 유역에는 곳곳에 상업과 교역의 중심지가 생겼고, 이들 중심지는 번영을 누렸지.

 그런데 기원전 2180년 이후에 이집트는 혼란에 빠졌단다. 파라오의 힘이 약해지고, 법과 질서가 바로 서지 않아서 나라가 어지러워진 거야. 왜 그랬을까? 몇 가지 이유를 들 수 있는데, 우선 피라미드 건설과 같은 대규모 토목 공사가 큰 원인이

이집트 초기 농부들이 농사짓는 모습을 그린 벽화이다. 농부들은 소에 쟁기를 달아 농토를 일구었고, 밀, 보리, 과일뿐만 아니라 옷감의 원료가 되는 아마도 재배했다.

파라오와 호루스 신을 상징하는 매 조각이다. 호루스 신은 나일 강의 신이자, 사후 세계를 지배하는 오시리스 신의 아들이다.

태양신 레*
태양 원반이 달린 왕관을 쓰고 있으며, 매의 머리를 한 사람으로 그려진다. 이집트 사람들은 레 신이 매일 낮 태양의 쪽배를 타고 하늘을 가로지르며, 매일 밤 또 다른 태양의 쪽배를 타고 명계를 가로질러 아침이면 다시 동쪽에서 나타난다고 믿었다.

었을 거야. 큰 공사를 하느라 나라 살림이 어려워지고, 여기에 흉년까지 들어 세금을 더 걷을 수도 없자, 파라오의 힘이 점점 약해졌어. 이런 상황에서 지방의 귀족들은 서로 다툼을 벌여 혼란을 부추겼고 말이야. 메네스가 이집트 통일 왕국을 세운 때부터 이집트가 혼란에 빠지기 전까지를 고왕국 시대라고 해. 그 뒤 이집트는 중왕국 시대를 거쳐 기원전 1550년 무렵 시작된 신왕국 시대로 이어져. 신왕국에 대해서는 나중에 다시 이야기해 줄게.

| 영혼 불멸 사상을 믿다 |

사막 한가운데 세워져 있는 피라미드와 스핑크스는 늘 우리의 호기심을 자극한단다. 그런데 수천 년 전의 고대 이집트 사람들은 왜 그 거대한 건축물을 세웠을까?

이집트 사람들은 파라오가 죽은 뒤에 영혼이 다시 살아난다고 믿었어. 피라미드와 스핑크스는 이집트 사람들의 그런 영혼 불멸 사상, 즉 '사람이 죽더라도 영혼은 영원히 사라지지 않는다.'라는 믿음으로 만든 건축물이란다.

이집트 사람들은 나일 강이 해마다 같은 시기에 흘러넘치면서 농토를 새롭게 기름진 땅으로 만드는 것을 보고, 부활과 영혼 불멸의 신화를 만들어 냈단다.

'왜 나일 강은 봄마다 흘러넘칠까?'

'사람도 죽으면 나일 강처럼 다시 살아나지 않을까?'

그러다 보니 이집트 사람들은 사람이 죽은 뒤 어떻게 되는가에 대해 관심이 많았어. 그 관심은 점차 영혼 불멸의 사상과 죽은 뒤의 세계에 대한 믿음으로 발전했지. 그래서 그랬는지 이집트 사람들은 영원히 죽지 않는 신을 많이 믿었어. 그 가운데 태양신 레*와, 나일 강의 신이자 사후 세계를 지배하는 신인 오시리스가 가장 대표적이야. 특히 태양신 레는 나일 강처럼 늘 다시 살아나 세상 만물에 생명을 주는 가장 위대한 신으로 받들어졌고, 파라오는 그 태양신의 아들로 여겨져 강력한 힘을 과시했지.

그리고 이집트 사람들은 사후 세계로 가기 위해서는 사후 세계를 다스리는 신 오시리스 앞에서 심판을 받아야 한다고 생각했어. 그때 오시리스는 저울 한쪽에 죽은 사람의 심장을, 다른 한쪽에는 진실을 상징하는 깃털을 올려놓는다고 믿었지. 그 저울이 균형을 이루면 오시리스가 그 사람을 좋은 세상으로 보내고, 균형을 이루지 않으면 죄가 많다고 생각해서 그 사람을 괴물의 먹이로 준다는 것이지. 이런 생각을 갖고 살면, 사는 동안에 좋을 일만 하려고 노력하겠지?

이집트 사람들은 또 사후 세계에서 살려면 음식이나 옷 등 죽기 전에 쓰던 물건들이 있어야 한다고 생각했어. 몸도 그대로 보존되어야만 한다고 생각했지. 그래서 이집트 사람들은 죽기 전에 사후 세계에 갈 준비를 했어. 무덤에 가져갈 것을 미리 준비해 놓기도 하고, 죽은 뒤에는 몸이 썩지 않도록 미라로 만들 준비도 했지. 몸이 그대로 있어야 영혼이 다시 그 몸으로 들어올 수 있다고 생각했거든.

그리스의 역사가인 헤로도토스는 이집트를 여행하고 미라 만드는 법에 대해 기록을 남겼어.

"이집트에서는 사람이 죽으면 먼저 코를 통해 머리에서 뇌를 꺼낸다. 그리고 시체의 옆을 잘라서 장기를 모두 꺼낸 다음, 시체 안을 여러 가지 소금과 향료로 채우고 다시 꿰맨다. 그 뒤에 시체를 탄산수에 담가서 약 70일 정도 놓아두었다가, 깨끗이 닦아 왁스를 바른 아마천으로 싸서 관에 넣는다. 그렇게 하면 시체가 썩지 않는다."

이집트 사람들은 이렇게 만든 미라를 피라미드 안에 보관했어. 그리고 피라미드

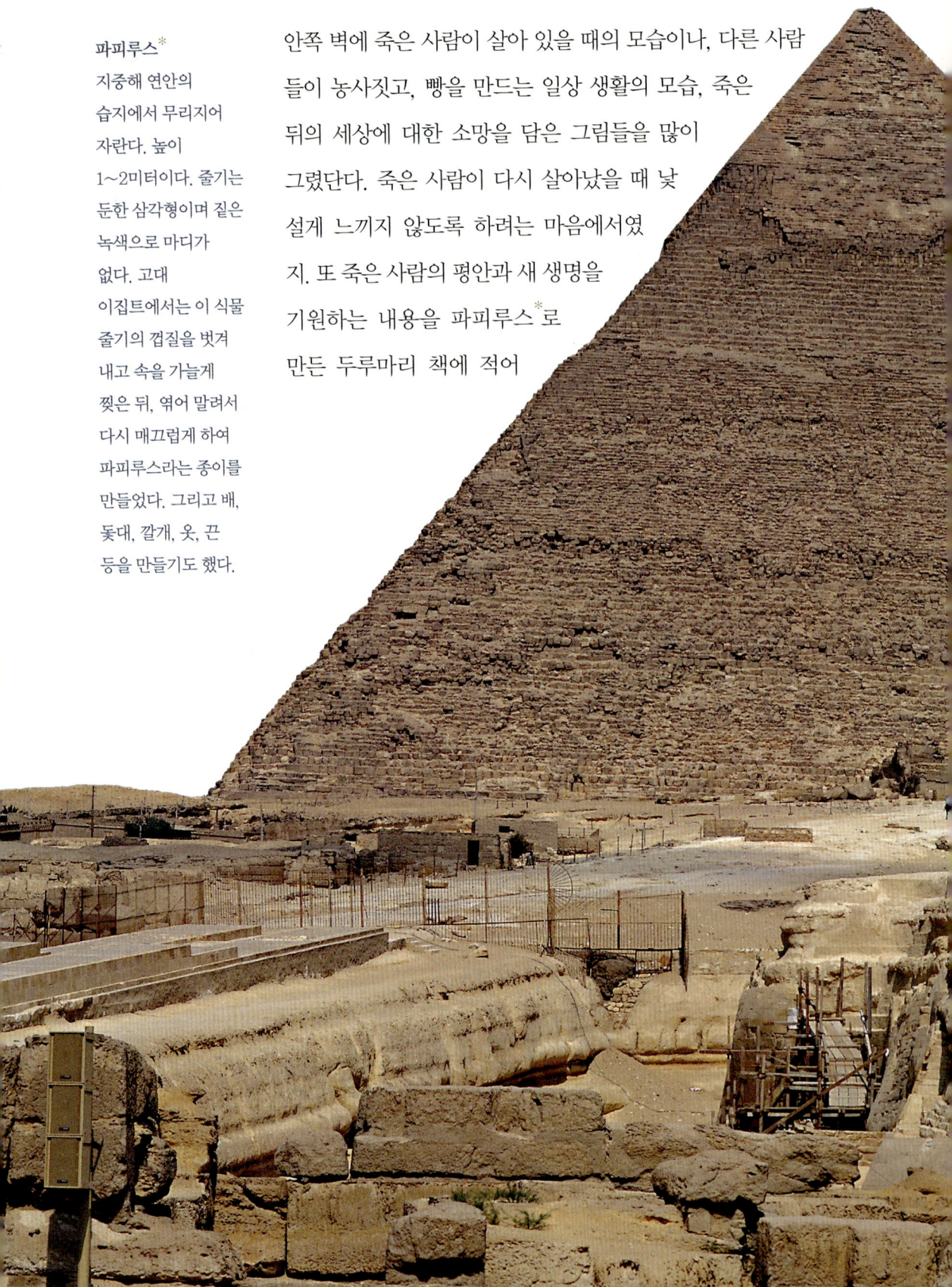

파피루스*
지중해 연안의 습지에서 무리지어 자란다. 높이 1~2미터이다. 줄기는 둔한 삼각형이며 짙은 녹색으로 마디가 없다. 고대 이집트에서는 이 식물 줄기의 껍질을 벗겨 내고 속을 가늘게 찢은 뒤, 엮어 말려서 다시 매끄럽게 하여 파피루스라는 종이를 만들었다. 그리고 배, 돛대, 깔개, 옷, 끈 등을 만들기도 했다.

안쪽 벽에 죽은 사람이 살아 있을 때의 모습이나, 다른 사람들이 농사짓고, 빵을 만드는 일상 생활의 모습, 죽은 뒤의 세상에 대한 소망을 담은 그림들을 많이 그렸단다. 죽은 사람이 다시 살아났을 때 낯설게 느끼지 않도록 하려는 마음에서였지. 또 죽은 사람의 평안과 새 생명을 기원하는 내용을 파피루스*로 만든 두루마리 책에 적어

미라와 함께 보관했지.

　파라오들은 자신이 살아 있을 때부터 피라미드를 지었단다. 고왕국 시대의 쿠푸 왕 피라미드는 가장 규모가 크고 웅장해서 유명하지. 서로 크기가 다른 크고 무거운 돌을 사방으로 이가 맞물리듯 짜 맞춰서 피라미드를 만든 것을 보면 이집트 사람들의 건축 기술이 대단했을 것 같지 않니?

　스핑크스는 피라미드를 지키는 수호신이야. 고대 이집트 사람들은 스핑크스를 '지평선의 태양신'이란 뜻으로 하르마키스라고 불렀어. 그런데 후대의 그리

사후 세계를 그린 벽화이다. 이집트 사람들은 죽으면 사후 세계를 다스리는 오시리스 신 앞에서 살아서 한 행동에 대해 심판을 받는다고 생각했다.

쿠푸 왕의 피라미드와 피라미드를 지키는 스핑크스이다.

스 사람들이 스핑크스라고 부르면서 오늘날까지 이르고 있지. 스핑크스는 사자의 몸통에 파라오의 머리가 붙어 있는 모습을 표현한 거라고 해. 파라오가 사자의 힘과 용기를 지니고 있다는 것을 보여 주기 위해서 그렇게 만든 것이지.

| 인더스 문명, 놀라운 수준의 도시 계획을 자랑하다 |

이집트 문명이 번영을 누리던 시기에 놀라운 도시 문명을 꽃피운 곳이 또 있어. 인더스 강이 흐르는 오늘날 파키스탄과 인도 북서부 지역이야. 이 지역에서 일어난 문명을 인더스 문명이라고 부르지.

인더스 강 유역에서 사람들이 농경을 시작한 것은 기원전 8000년 무렵이야. 이 지역은 봄이면 바다에서 습기를 머금은 바람이 불어오고, 히말라야 산맥의 눈이 녹아 강으로 흘러와서 강물이 넘쳤지. 강이 넘친 곳은 땅이 기름져서, 밀과 보리 같은 곡식을 키우기에 아주 좋았어. 게다가 북쪽에는 히말라야 산맥이 있고, 서쪽에는 힌두쿠시 산맥이, 남쪽에는 사막이 있어서 외적이 쉽게 침략해 오지 못했지.

이렇게 살기 좋은 환경을 갖추었기 때문에 인더스 강을 따라 크고 작은 마을이 생기고, 그 마을들은 점차 커져 도시로 발전했지. 그리고 기원전 2500년쯤 인더스 강의 계곡에 여러 개의 도시가 나타났단다. 그 가운데 두 개의 큰 도시가 있었어. 모헨조다로와 하라파라는 도시야. 모헨조다로의 인구는 3만 5,000~4만 명

벽돌*
인더스 문명 사람들은 벽돌을 구워 건물을 지었다. 구운 벽돌은 매우 단단해 오래도록 그 모습이 유지되었다. 반면 메소포타미아나 이집트 사람들은 진흙을 그늘에 말려 건물을 지었기 때문에 시간이 지나면 쉽게 허물어졌다.

정도였고, 하라파는 1만 5,000명 정도였을 거라고 해.

　모헨조다로나 하라파 사람들은 벽돌*을 구워 건물을 짓고 살았어. 집들은 대부분 2층이었는데, 집 안에 목욕탕이 있었지. 집집마다 하수 시설도 갖추어서 폐수 저장고의 4분의 3이 넘게 물이 차면 저절로 하수구로 흘러 나가도록 되어 있었어.

　이 밖에도 도시에는 큰 목욕탕, 여러 채의 곡물 창고 등이 있었고, 도시 한가운데에는 성채가 있어서 외적의 침입을 막을 수 있었어. 모헨조다로에는 포장된 도로가 있었는데, 폭이 10미터에 이르는 넓은 길과 3미터의 좁은 길이 바둑판처럼 시가지를 나누었어.

　그런데 모헨조다로나 하라파는 건물이나 도로의 크기가 일정해. 이렇게 집이나 도로의 크기가 같은 것을 보면서 어떤 학자들은 빈부 격차가 심하지 않고, 생활 수준이 비슷하지 않았을까 생각하기도 하지.

인더스 강 유역의 모습이다. 인더스 강 유역은 산맥이 차가운 바람을 막아 주고 강물이 넘치면 비옥한 흙이 쌓여 일찍부터 농경이 발달했다.

그러나 다른 학자들은 부유하거나 세력이 강한 사람들만 살 수 있도록 그 도시를 계획해서 만들었기 때문에 집의 크기가 같을 거라고 생각하기도 해. 강이 자주 넘치니까 높은 곳에 지배자의 지휘 아래 계획된 도시를 세웠을 거라고 추측하는 거야. 그러면서 거대한 성채와 곡물 창고가 있는 것은 도시인들 사이에 신분이나 빈부의 격차가 있었고, 부유하고 세력이 강한 지배자가 곡물로 세금을 걷었다는 증거라고 주장하기도 해. 그러니까 모헨조다로나 하라파가 주변 지역까지 통치했던 정치적, 경제적 중심지였을 거라는 거지.

한편, 인더스 문명 사람들은 도시를 만

든 초기부터 메소포타미아와 활발하게 교류했어. 모헨조다로의 상아, 진주 등을 수메르의 가죽 제품, 올리브기름 등과 맞바꾸었지. 사람들은 이런 물건을 강에서는 배로, 육지에서는 소가 끄는 수레로 운반했어. 당시 사용했던 것으로 보이는 배와 수레의 모습은 그 지역에서 발굴된 토기나 장난감, 인장 무늬에서 확인할 수 있어. 또 하라파에서는 중국에서 들여온 옥이나 미얀마의 것으로 보이는 보석이 발굴되기도 했어. 모헨조다로와 하라파 사람들이 아주 멀리 떨어져 있는 지역과도 교류했다는 것을 보여 주는 증거이지.

모헨조다로와 하라파 사람들은 교역을 할 때, 돌에 문양과 문자를 새긴 인장을 사용했어. 인장은 자기가 만든 상품이라는 것을 확인하려고 쓴 것 같아. 또 인장에 새겨진 문양을 보면 그들이 여신을 받들고 풍요를 기원했으며, 소를 숭배했다는 것을 짐작할 수 있어. 지금도 인도에서는 소를 신성

성채와 큰 목욕탕을 갖춘 모헨조다로 유적지와 모헨조다로의 유적지에서 발굴된 인물상(왼쪽)이다.
인물상은 모헨조다로를 다스린 통치자이거나 제사를 이끈 제사장으로 알려져 있다.

모헨조다로 유적지에서 발굴한 인장이다. 인더스 문명 사람들이 믿은 신으로 짐작되는 인물이 그려져 있다.

하게 여기는데, 이 풍습은 이 무렵에 벌써 만들어진 것일 수도 있겠지.

번성하던 인더스 강 유역의 도시들은 기원전 1750년 무렵부터 힘을 잃기 시작했어. 학자들은 여러 가지 이유를 들어 그 까닭을 설명하는데, 공통적인 의견은 농사가 예전만큼 잘되지 않았다는 거야. 어떤 학자들은 인더스 강의 흐름이 바뀌는 바람에 강이 더는 흘러넘치지 않았고, 따라서 기름진 땅이 생기지 않았기 때문이라고 추측해. 또 다른 학자들은 이 지역 사람들이 나무를 마구 베는 바람에 땅이 영양분을 잃고 비의 양도 줄어들어, 더는 농사지을 수 없었을 거라고 생각하기도 한단다.

클릭! 역사 속으로
쿠푸 왕과 대피라미드

"이봐, 오른쪽으로 조금만 움직여 봐."
"그렇지! 이제 제자리를 찾았군."

약 4600년 전, 이집트의 기자에서는 피라미드 공사가 한창이었어. 그리고 마침내 거대한 피라미드가 완성되었지.

밑변 230.4미터, 높이 147미터에 이르는 거대한 피라미드의 주인은 쿠푸 왕이었지. '역사의 아버지'로 불리는 그리스의 역사가 헤로도토스는 쿠푸 왕의 피라미드에 대해 이렇게 썼어.

"한 사람의 군주와 그 왕비의 무덤을 만들기 위해 10만 명의 노예가 20년 동안 동원되어 채찍을 맞으며 공사를 했다. 나일 강 1만 킬로미터 상류에서 230만 개의 무거운 돌을 날라야 했고, 돌을 나르기 위해서 길을 닦아야 했다."

헤로도토스의 기록 때문에 쿠푸 왕은 백성들에게 고된 노동을 시킨 폭군이라는 불명예스러운 이름을 얻었는데, 최근에는 그것과 아주 다른 연구 결과가 나왔어. 공사장에 남아 있는 낙서를 연구했더니, 노동자들은 왕을 존경했고, 기쁜 마음으로 일했다는 거야. 또 쿠푸 왕은 노동자들에게 옷과 음식 등을 충분히 주었대.

쿠푸 왕은 이집트 제4왕조의 두 번째 왕으로, 기원전 2589년 무렵부터 기원전 2566년까지 왕의 자리에 있었어. 쿠푸 왕에 대해 알려진 사실은 거의 없지만, 이처럼 커다란 피라미드를 지을 수 있을 정도였다면, 권력도 대단했음을 짐작할 수 있지.

대피라미드에는 2.5톤짜리 돌이 230만 개나 쓰였어. 또 대피라미드는 완벽한 정사각뿔 형태로, 밑변의 네 꼭짓점이 정확히 동서남북을 가리키고 있어. 수레도 없던 시점에 그 무거운 돌들을 옮겨 정확한 방향으로 쌓았다는 것은 이집트 사람들이 건축과 수학에 얼마나 뛰어났는지를 말해준단다.

누런 강물이 탄생시킨 중국 문명

앞에서 본 다른 지역과 마찬가지로 중국 문명도 강에서 시작되었단다. 그 강이 어디냐고? 바로 중국 북부 지역 대부분을 휘감아 도는 황허 강이지.

황허 강은 길이가 4,672킬로미터나 되는, 중국에서 두 번째로 긴 강이란다. 강물이 누렇다고 해서 황허 강으로 불리지. 강물이 흐르면서 누런 황토를 같이 운반하니까, 강물이 누렇게 보이거든.

강이 흘러넘친 지역은 황토가 쌓여서 아주 기름졌단다. 그래서 사람들은 이 지역에 모여들어 수수와 조를 재배하고 가축을 키우면서 마을을 만들었지. 그리고 이 마을들이 발전해 국가가 되었고, 중국 문명이 시작되었단다.

| 점을 쳐서 중요한 일을 결정하다 |

지금부터 약 100년 전에 중국의 한 학자가 우연히 동물의 뼈에 이상한 글자가 써진 것을 발견했어. 그리고 연구 결과 그것이 기원전 1600년쯤에 세워진 상나라의 문자라는 것을 알아냈지. 그 뒤 학자들은 황허 강 중류 지역에 아주 큰 나라가 있었고, 그 나라가 중국에 전설처럼 전해 내려오는 상나라라는 사실을 밝혀냈어.

사실 중국의 전설에는 상나라 훨씬 이전에 하나라가 있었다고도 해. 하지만 지금까지 증거를 통해서 확인된 중국 최초의 나라는 상나라란다. 전설에 따르면, 상나라의 탕왕이 하나라의 폭군 걸왕을 몰아내고 이 지역을 다스렸다고 해.

78 고대 문명의 탄생

상나라 초기에는 왕의 자리를 두고 다툼이 잦아서 혼란이 이어졌고, 여러 차례 수도를 옮겨야 했어. 그러다가 기원전 1300년 무렵, 은허로 수도를 옮기면서 조금씩 안정을 찾았단다. 이 무렵 상나라를 다스리던 왕은 군대를 이끌고 주변 지역을 정복해 영토를 크게 넓혔지. 그러면서 왕의 힘도 점점 커졌고, 이때부터 자기 아들에게 왕의 자리를 물려주는 제도가 자리 잡았단다. 이와 함께 왕이 자신의 친척들에게 중요한 관직을 주거나, 나라의 중요한 일을 맡기기도 했지.

　정치에서 친척 관계를 중요하게 여기는 풍습은 그 뒤로도 중국에 세워진 여러 나라에 계속 전해졌어. 예를 들면 상나라 뒤에 들어선 주나라에서는, 왕이 친척들에게 땅을 내주어 다스리게 했지. 또 주나라나 그 뒤에 세워진 여러 나라들은 다른 나라와 동맹을 맺을 때 자식들끼리 결혼을 시켜서 친척 관계를 맺는 일이 많았어.

중국 고대 문명이 시작된 황허 강이다. 황허 강이 실어 나르는 누런 황토가 쌓인 지역은 땅이 기름져 농사 짓기에 좋았다.

갑골 문자가 새겨진 거북 배딱지이다. 상나라 왕은 점을 친 뒤 예언의 내용을 거북의 껍질이나 동물의 뼈에 새겼다.

갑골 문자*
현재 알 수 있는 한자의 가장 오래된 형태이다. 문자의 수는 대략 3,000자이며 그 중 약 절반 정도가 해독되었다. 갑골은 거북의 껍질과 동물의 뼈라는 뜻이다.

옛날에는 다른 지역에서도 이렇게 결혼으로 동맹을 맺는 방법이 흔했단다.

상나라 사람들은 태양, 달, 구름, 바람, 비 같은 모든 자연 만물에 영혼이 있다고 믿었어. 그리고 그 영혼들은 자연 현상뿐 아니라 자신들의 생활에 좋은 영향을 끼치기도 하고, 나쁜 영향을 끼치기도 한다고 믿었지. 특히 죽은 조상의 영혼이 자손들의 행복과 불행을 좌우한다고 생각했어. 그래서 무슨 일이 생기면 늘 죽은 조상에게 먼저 알리고, 조상신의 보살핌을 기원했단다.

이렇게 조상을 숭배하는 풍습 때문에 왕이나 귀족들도 조상신들에게 제물을 바치고, 풍성한 음식을 대접해서 나라의 안정과 풍요를 기원하곤 했단다. 특히 나라에 중요한 일이 있을 때면 왕이 직접 신에게 제사를 지냈어. 날이 가물면 비가 내리게 해 달라고, 홍수가 나면 비가 그치게 해 달라고, 또 전염병이 돌면 병이 낫게 해 달라고 빌었지.

이때 점을 쳐서 앞으로 무슨 일이 일어날지 내다보기도 했어. 점은 먼저 동물의 뼈를 불에 달군 다음, 뼈의 색깔, 뼈가 갈라진 모양 등을 보고서 앞으로 닥칠 일을 풀이했지. 그리고 나서 예언의 내용을 동물의 뼈나 거북의 껍질에 새겼어. 이렇게 기록한 글자를 갑골 문자*라고 해.

예언은 농사나 가족에 대한 내용이 많았어. 상나라 사람들이 농사와 가족에 가장 관심이 많았기 때문이겠지. 그리고 다른 부족과의 전쟁이 잦아지면서 전쟁에서 승리를 기원하는 제사도 많이 올렸어. 그래서 갑골 가운데에는 전투를 벌이는 그림이 새겨진 것도 있어. 그 그림을 보면 왕이 3,000~5,000명의 군사를 이끌고 전투를 했다는 것을 알 수 있지. 이렇게 군사가 많이 나선 것을 보면 상당히 큰 전쟁이었나 봐. 또한 이렇게 군사를 많이 동원할 수 있을 만큼 왕의 힘이 컸을 거라고 생각할 수도 있지.

상나라에서는 제사를 지낼 때 청동기로 만든 의례 도구를 사용했어. 상나라 이전에도 청동기가 만들어지긴 했지만, 모양이 단순하고 무늬도 없었지. 청동기 만드는 기술이 크게 발전해서, 상나라의 청동기들은 모양이 매우 다양하고, 독특하고 복잡한 무늬가 있는 것으로 유명하단다. 그런데 청동기는 만들기도 어렵고, 재료도 구하기 어려워서 무척 귀했어. 그래서 청동으로 만든 술잔이나 큰 솥, 떡시루, 악기, 무기 등은 주로 권력을 가진 사람들의 사치품이나 제사 도구로만 사용되었지.

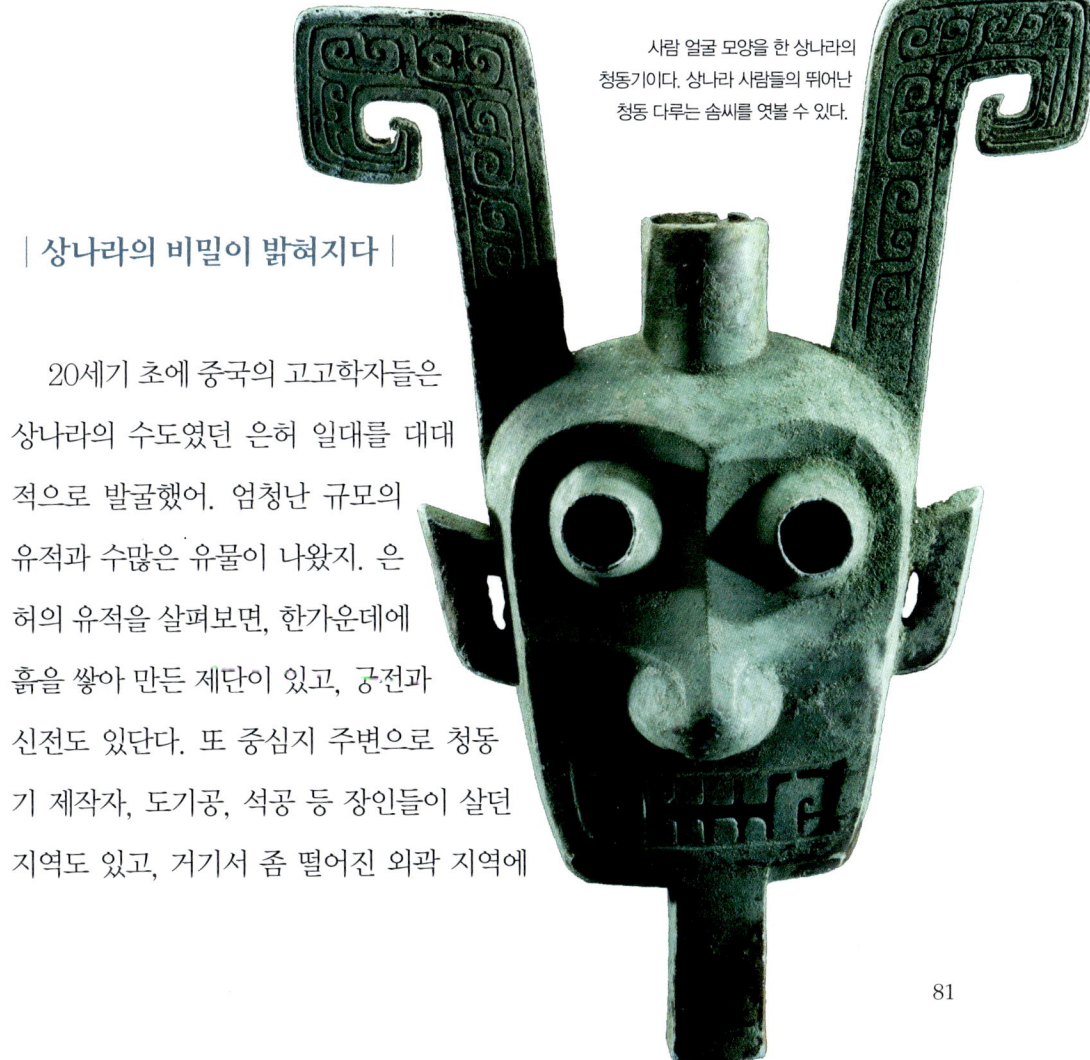

사람 얼굴 모양을 한 상나라의 청동기이다. 상나라 사람들의 뛰어난 청동 다루는 솜씨를 엿볼 수 있다.

| 상나라의 비밀이 밝혀지다 |

20세기 초에 중국의 고고학자들은 상나라의 수도였던 은허 일대를 대대적으로 발굴했어. 엄청난 규모의 유적과 수많은 유물이 나왔지. 은허의 유적을 살펴보면, 한가운데에 흙을 쌓아 만든 제단이 있고, 궁전과 신전도 있단다. 또 중심지 주변으로 청동기 제작자, 도기공, 석공 등 장인들이 살던 지역도 있고, 거기서 좀 떨어진 외곽 지역에

호랑이 모양을 한 청동기이다. 상나라의 청동기 기술은 주변 지역으로 전해져 큰 영향을 끼쳤는데, 이 청동기는 상나라 주변 지역에서 만든 것이다.

는 사람들의 주거지와 왕이나 귀족의 무덤도 있어.

왕의 무덤은 굉장히 커서, 작은 산만 해. 또 무덤 안에는 아주 귀한 물건도 많이 있었단다. 학자들이 상나라 왕이나 귀족들의 무덤을 발굴했을 때는 대부분 이미 도굴꾼들이 다녀간 다음이었어. 그런데 다행스럽게도 상나라의 왕비였던 푸 하오의 무덤은 도굴당하지 않은 채 발굴되었지. 덕분에 많은 유물이 세상에 공개되었단다.

기록에 따르면, 푸 하오 왕비는 남편을 대신해서 1만 3,000명에 이르는 군대를 이끌고 전투에 참가한 적이 있고, 조상에게 올리는 제사를 주관하기도 했대. 그러니까 귀족이나 왕족은 여자도 남자처럼 전쟁을 지휘하기도 하고, 제사를 지낼 수도 있었다는 거지.

무덤에는 왕비가 살았을 때 사용했을 법한 빗이나 그릇 같은 물건들을 아주 많이 넣었어. 왜 이렇게 물건들을 많이 넣었을까? 그건 상나라 사람들도 이집트 사람들처럼 사후 세계를 믿었기 때문이란다. 그래서 사람은 죽으면 모두 사후 세계로 가고, 생전과 같은 생활을 할 수 있다고 생각한 것 같아. 상나라 귀족이나 왕의 무덤에서는 때때로 다른 사람들의 뼈도 발견되는데, 그 뼈는 하인들의 것이야. 즉, 귀족이나 왕의 무덤에 그 사람이 생전에 부리던 하인들을 같이 묻은 것이지. 무덤의 주인이 사후 세계에서 다시 태어나면 무덤에 같이 묻혔던 사람들을 다시 하인으로 부릴 수 있다고 생각한 거야. 무덤 주인의 신분이 높고, 권력이 강할수록 많은 하인을 같이 묻었다고 해.

그런데 이렇게 여러 물건과 함께 다른 사람을 무덤에 넣는 풍습은 중국에만 있었던 것이 아니란다. 앞에서 보았듯 이집트나 그 밖의 많은 곳에도 있었지. 그런데 이 나라들 모두 시간이 지나면서 산 사람을 무덤에 같이 묻는 풍습은 사라졌어. 대신에 흙이나 나무로 사람 모양을 본뜬 인형을 넣었지.

왜 그렇게 바뀌었을까? 그 이유를 정확하게 알 수는 없지만, 점차 산 사람을 무덤에 묻는 것이 잔인하다는 생각을 한 것이 아닐까? 그게 아니라면 나라가 커지면서 농사지을 사람이나 전쟁에 나가 싸울 사람이 많이 필요해졌고, 그래서 한 사람이라도 그냥 죽이는 게 아깝다는 생각을 했을 수도 있지.

상나라 시대의 유물이다. 무릎꿇은 사람 모양의 옥 장식(왼쪽)과 시녀 모양의 인형(오른쪽)이다.

상나라의 은허 유적지에서 발굴한 전차를 전시한 것이다.

　　무덤에서는 기원전 1200년을 전후해서 상나라 사람들이 전쟁에서 바퀴 달린 전차를 사용했다는 것을 보여 주는 유물도 발견되었어. 그런데 중국이 처음으로 전쟁에서 전차를 사용한 것은 아니란다. 나중에 보겠지만, 서아시아에서는 중국보다 먼저 전차를 사용했어. 그 기술이 중앙아시아의 유목민을 통해서 중국에 전해졌지. 이 무렵 상나라의 군사들은 말 두 마리가 끄는 전차를 타고 싸웠는데, 신분이 높은 사람만 전차를 탈 수 있었기 때문에 평민들은 두 발로 걸어서 싸웠지.

● 클릭! 역사 속으로
황제와 신화 속의 중국문명

상나라가 세워지기 전에 중국에서는 무슨 일이 있었을까? 그 시절 이야기는 신화와 전설이 되어 지금까지 전해져 내려오고 있어. 그 신화의 주인공은 삼황오제라고 불리는 8명의 훌륭한 제왕들이지.

그 가운데 하나인 황제는 기원전 2704년 무렵에 태어났는데, 그가 중국을 다스리던 시절에는 세상이 평화로웠다고 해. 기원전 2697년에 왕의 자리에 오른 황제는 무척 바빴어.

"배와 수레를 만들어 백성들이 먼 곳까지 편하게 오갈 수 있게 해야겠군."

"활과 화살을 만들면 적을 쉽게 물리칠 수 있겠구나!"

배와 수레, 활과 화살뿐만 아니라 도자기, 문자, 목조 건물도 황제가 만들었다고 해. 황제의 아내도 비단을 발명해서 여자들에게 누에를 치고 비단실을 뽑는 방법을 가르쳐 주었다지. 이렇게 많은 문물을 만든 덕분에 황제는 중국 문명을 일으킨 인물로 많은 존경을 받고 있어.

한편, 황제는 다른 부족과 싸우는 것도 게을리 하지 않았어.

"다른 부족을 물리쳐서 황허 강 유역의 평원을 지켜 내야 한다!"

황허 강 유역의 평원은 모두 황제의 땅이 되었고, 황제는 중국을 통일한 최초의 인물로 이름을 남겼지.

사마천이 쓴 『사기』에는 황제가 100년 동안 나라를 다스린 뒤에 수양산으로 가서 용을 타고 하늘에 올라갔다고 기록되어 있어. 갈홍이 쓴 『포박자』에는 황제가 죽을 날을 직접 고른 뒤 교산에 묻혔는데, 얼마 뒤 무덤이 부서 내려서 보니, 무덤 속에 시신은 없고 검과 신만 있었다고 나와 있어.

지중해를 누빈 해양 민족의 문명들

지금까지 살펴본 메소포타미아, 이집트, 인도와 중국의 고대 문명은 모두 강 주변의 비옥한 농토를 중심으로 문명이 발달했어. 그런데 큰 강과 비옥한 농토 없이 문명이 발달한 지역도 있단다.

가장 대표적인 지역이 지중해 근처지. 지중해는 육지로 둘러싸여 있어서 바닷길이 험하지 않았어. 그래서 이 지역에 사는 사람들은 일찍부터 배를 타고 지중해를 누비며 교역과 상업 활동으로 번영을 누렸단다. 이들이 일군 문명은 유럽 문화의 바탕이 되는 그리스와 로마 문화에 큰 영향을 끼쳤어.

| 미노아 문명이 교역으로 번영을 누리다 |

지중해와 맞닿아 있는 그리스 바로 밑에는 크레타 섬이 있단다. 1900년에 그곳에서 온 벽을 세련된 그림으로 장식한 궁전이 발견됐어. 이것이 바로 크노소스 궁전이야. 이 궁전은 기원전 2000년 무렵에 이 섬에 살았던 사람들이 만든 거야. 이들이 만든 문명을 크레타 문명, 혹은 그리스 전설에 나오는 미노스 왕의 이름을 따서 미노아 문명이라고 부른단다.

크레타 섬이 있는 지중해는 기후가 온화하고 변덕스럽지 않아 농사짓기에는 좋았어. 하지만 크레타 섬에는 농사지을 수 있는 땅이 그리 많지가 않아서 많은 사람들이 다른 지역과 교역을 해서 생계를 이었단다. 특히 서아시아와 이집트, 지중해 북쪽의 유럽을 연결하는 교역이 매우 활발했어. 기원전 2000년~1400년 사이에 크레타 섬의 지배자는 수많은 해군을 거느리고 동부 지중해를 누비면서 교역을 장악했단다.

　미노아 사람들은 교역을 위해 메소포타미아와 이집트 여기저기를 돌아다녔어. 그리고 거기서 보고 들은 것들을 변형해서 미노아 문화를 만들었지. 예를 들어 크레타 섬에는 사자가 없지만, 크노소스 궁전의 벽화에는 사자가 그려져 있어. 아마 이집트의 영향을 받은 것이겠지. 그리고 남아 있는 유적과 유물을 보면 메소포타미아나 이집트에서 청동기 주조술, 전차 기술, 동물숭배 신앙, 여신 숭배 신앙 등의 영향을 받았다는 것을 알 수 있지.

　미노아 사람들도 다른 문명 지역의 사람들처럼 문자를 만들어 사용했어. 지금도 그 문자가 남아 있지만, 아쉽게도 어떻게 읽어야 하는지는 아직 알아내지 못했어. 그래서 미노아 사람들이 어떻게 살았는지는 대부분 남아 있는 유물들, 벽화들을 보고 추측하지. 예를 들면, 미노아 사람들이 궁전 벽에 그린 벽화를 보고 그들이 이미

크레타 섬에 있는 미노아 문명 유적지이다. 미노아 사람들은 지중해 교역을 통해 번영을 누렸다.

분주한 미노아 항구를 그린 벽화이다. 미노아 사람들의 활발한 교역 활동을 엿볼 수 있는데, 기원전 1500년 무렵에 그려졌다.

알파벳[*]
알파벳이라는 명칭은 페니키아 문자의 영향으로 만들어진 그리스 문자의 처음 두 글자인 α(알파)와 β(베타)가 결합된 것이다.

보리, 밀, 포도, 올리브를 길렀고, 포도주도 만들어 마셨다는 것을 알아냈지.

또 미노아 사람들이 여신들을 모셨고, 신관들도 여성이었다든지, 남성은 여성 신관을 보조하는 역할을 했다는 등의 사실도 대부분 유물이나 벽화를 통해 알아낸 것이란다.

미노아 사람들은 몇 차례에 걸쳐 큰 화산 폭발과 지진을 겪었단다. 그러나 그때마다 도시를 다시 일으켜서 더 화려한 궁전들을 만들었어. 그런데 이렇게 번영을 누리던 미노아 문명이 기원전 1470년 무렵 갑자기 기울었어. 근처에서 일어난 엄청난 화산 폭발 때문에 크레타 섬 일부가 바다 밑으로 가라앉아 버렸기 때문이지. 얼마나 큰 충격이었는지, 그 뒤로 미노아 사람들은 도시를 다시 일으키지 못했단다. 엎친 데 덮친 격으로 미노아가 약해진 틈을 타서 외적까지 쳐들어왔어. 결국 기원전 1400년 무렵, 미노아의 전성시대는 막을 내리고 말았단다.

페니키아가 교역과 알파벳*으로 이름을 떨치다

A, B, C, D, E, F, G……. 알파벳은 오늘날 유럽 사람 대부분과 미국 사람들이 쓰는 문자야. 스물여섯 자로 이루어진 알파벳은 배우기도 쉽고, 쓰기도 편한 문자이지. 그러면 이 알파벳을 처음 만들어 사용한 사람은 누구일까? 이름이 알려져 있지는 않지만 알파벳을 만들고 널리 퍼뜨린 사람들은 바로 페니키아 사람들이란다.

페니키아 사람들은 기원전 2500년쯤부터 오늘날의 시리아, 레바논 등이 있는 지중해 동쪽 지역에 살았어. 그런데 그 지역은 평야가 많지 않아서 페니키아 사람들은 농사 말고 다른 일에 눈을 돌릴 수밖에 없었지. 다행히 페니키아는 이집트와 메소포타미아 사람들이 드나드는 길목에 있어서 교역에 유리했어. 그래서 페니키아 사람들은 일찍부터 배를 타고 지중해를 누비며 다른 나라와의 교역에 힘을 쏟았고, 뛰어난 장사 수완으로 이름을 떨쳤지.

페니키아라는 말은 훗날 그리스 사람들이 붙인 이름으로, '자주색'이라는 뜻이야. 페니키아의 특산품으로 자주색 염료가 유명했기 때문이란다. 자주색 염료는 페니키아 주변 바다에 사는 달팽이에서 뽑아내는 것으로, 색깔이 우아하고 고귀해 보여서 주변 나라들의 부유한 귀족이나 왕들에게 큰 인기를 끌었단다.

페니키아의 또 다른 특산물로는 가구나 건물을 만들 때 쓰는 삼나무도 있었어. 페니키아의 삼나무는 나무가 많지 않은 이집트나 메소포타미아에 비싼 값으로 팔려 나갔단다. 또한 페니키아 사람들은 다른 나라에 팔기 위해 자기나 유리 제품, 금속 장신구를 만들기도 했어. 그리고 올리브, 향료, 꿀 등을 다른 나라에서 가져다 팔

페니키아 사람들은 지중해 동쪽 지역에 살았는데, 농사를 지을 땅이 충분하지 않아 일찍부터 활발한 교역 활동에 나섰어. 지중해 곳곳을 배를 타고 누비며 여러 곳에 식민 도시를 세웠고, 교역 활동뿐만 아니라 문화 전파에도 큰 역할을 했지.

영국으로 가는 페니키아 배이다.

페니키아 뱃사람들은 뛰어난 항해술을 발휘해 지중해 일대는 물론 멀리 영국과 아프리카까지 돌아다녔다.

바다에서 잡은 고기를 말리고 있다.

카르타고 사람들은 여신 타니트를 모셨다.

기원전 814년쯤에 세워진 카르타고는 페니키아 사람들이 세운 대표적인 식민 도시로 강력한 해군을 자랑했다.

기도 하고, 멀리 북아프리카나 남부 유럽까지 가서 기린, 곰 등 지중해 근처에서는 볼 수 없는 희귀한 동물들을 가져오기도 했지.

시간이 지나면서 페니키아 사람들의 배 만드는 기술과 항해술은 더욱 발전했어. 그래서 자신들이 만든 배를 타고 지중해 주변뿐만 아니라 멀리 오늘날의 영국까지 닿았고, 심지어는 3년 동안 아프리카를 한

페니키아의 유리 그릇이다. 페니키아 상인들은 특산품인 자주색 염료, 삼나무뿐만 아니라 자기, 유리 제품, 금속 장신구 등을 만들어 팔았다.

바퀴 빙 돌았다고도 해. 이처럼 멀리 항해를 할 수 있게 되자, 도중에 쉬어 가거나, 오랫동안 머물며 교역을 할 수 있는 곳이 필요했지. 그래서 페니키아 사람들은 오늘날의 이탈리아 남부와 아프리카 북부, 그리고 에스파냐 남부에 이르기까지 지중해 곳곳에 식민 도시를 세웠어. 이 가운데 훗날 지중해를 두고 로마와 세력을 다투게 되는 카르타고가 가장 대표적인 도시였단다. 페니키아는 기원전 9세기에 아시

리아 제국의 지배를 받기 전까지 크게 번영했어.

한편 페니키아 사람들은 메소포타미아, 이집트 등을 다니면서 그곳의 문화를 많이 받아들였어. 예를 들어, 페니키아 사람들이 믿었던 신은 대부분 메소포타미아의 신들과 같았지. 신들은 대체로 산, 하늘, 벼락, 자연 현상 등과 관련이 있었고, 페니키아의 각 도시 사람들은 저마다 좋아하는 신을 숭배했어.

기원전 1500년 무렵부터는 메소포타미아, 이집트 문자의 영향을 받아 새롭게 스물두 개의 상징적인 그림으로 알파벳을 만들었단다. 상업 활동을 하려면 문자가 꼭 필요했거든. 페니키아 사람들이 발명한 알파벳은 메소포타미아의 쐐기 문자나 이집트의 상형 문자*에 비해 훨씬 간편하고, 배우기도 쉬웠지. 알파벳은 교역을 하려고 지중해 여기저기를 돌아다니는 페니키아 사람들을 통해 빠르게 퍼져 나갔단다.

그런데 페니키아 알파벳에는 자음만 있고, 모음은 없었어. 그러다 보니 뜻을 이해하는 게 쉽지 않았지. 그래서 그리스 사람들은 모음을 보태 그리스 알파벳을 만들었고, 로마 사람들은 그리스의 알파벳을 변형해서 자기네 언어에 맞게 사용했지. 알파벳은 로마 제국이 망한 뒤에도 유럽, 중앙아시아, 남아시아, 동남아시아에까지 퍼져 나갔고, 각 지역의 사람들은 조금씩 모양을 바꾸어 가면서 알파벳을 사용했어.

배우기 쉽고, 사용하기 편리한 알파벳 덕분에 사람들은 서로 쉽게 의사소통을 할 수 있었어. 덕분에 문명이 더 발전하고, 빠르게 퍼져 나갈 수 있었지. 그런 점에서 페니키아 사람들은 인류 문명의 발전에 매우 큰 역할을 했다고 할 수 있지 않을까?

상형 문자*
사물의 모양을 본떠 만든 글자를 말한다. 한자의 일부와 이집트의 글자가 상형 문자에 속한다.

미케네가 지중해 교역의 주도권을 쥐다

혹시 '트로이의 목마'라고 들어 봤니? 나무로 만든 아주 거대한 말인데, 이 목마와 관련해 재미있는 이야기가 전해진단다. 바로 아가멤논, 오디세우스, 헥토르 같은 영웅들이 벌인 트로이 전쟁에 관한 이야기야.

트로이 전쟁은 고대 그리스와 바다 건너 지중해 동쪽에 있던 트로이라는 나라가 벌인 전쟁이란다. 전해 오는 이야기에 따르면, 트로이의 파리스 왕자가 스파르타 메넬라오스 왕의 부인인 헬레네를 유혹해 트로이로 데려갔대. 그러자 메넬라오스의 형이자 미케네의 왕인 아가멤논이 화가 나서 주위 여러 나라들과 함께 트로이에 쳐들어갔지.

두 나라 사이의 전쟁은 10년 동안이나 계속되었어. 트로이의 첫째 왕자인 헥토르가 성벽을 굳게 지켜서 그리스 연합군이 도무지 무너뜨릴 수 없었기 때문이지. 그러자 연합군의 장군인 오디세우스가 꾀를 냈어. 그는 성벽을 공격하다가 물러나는 척하면서, 나무로 만든 거대한 말을 트로이의 성 앞에 갖다 놓았지.

트로이 사람들은 그리스 군대가 물러나자 모두 신이 나서 성 밖으로 몰려나왔어. 그리고 목마를 발견했지.

"이렇게 커다란 목마는 처음 본다. 이건 분명 우리의 승리를 축하하는 뜻에서 신이 주신 선물이야!"

트로이 사람들은 힘을 합쳐 목마를 성안으로 들여놓았어. 그리고 밤이 되었지. 트로이 사람들이 승리의 기쁨에 취한 채 마음 놓고 자고 있을 때, 목마 안에 숨어 있던 그리스 병사들이 나와서 성문을 열었어. 그러자 밖에서 숨어서 기다리던 그리스 연합군이 물밀 듯이 들어와 순식간에 트로이를 손아귀에 넣었단다.

트로이 전쟁에 대한 이야기는 아주 오랫동안 신화로만 전해졌어. 그런데 1873년, 독일의 슐리만이 트로이와 미케네 유적을 발굴한 덕분에 그리스 초기 역사의 비밀도 밝혀지고, 미케네 문명도 세상에 알려지게 되었지.

　미케네 문명은 기원전 2000년쯤, 초기 그리스 어를 쓰는 사람들이 발칸 반도에 들어와 살면서 시작되었어. 이들은 그리스 여기저기에 왕국을 세웠는데, 그 가운데 미케네가 가장 큰 세력을 떨쳤단다. 미케네는 당시 번영을 누리고 있던 미노아 문명을 받아들여 발전하였지. 뿐만 아니라 미케네 사람들은 배를 타고 지중해 곳곳을 다니며 교역을 했는데, 이때 페니키아나 이집트의 영향을 받기도 했단다.

　그리고 기원전 1500년쯤 미노아 문명이 잦은 화산 폭발로 힘을 잃자, 그 틈을 노려 그리스 주변 지역의 교역을 주도하는 지배 세력이 되었어. 그리고 기원전 1200년쯤에는 크레타 섬까지 손에 넣었지. 이 무렵 미케네는 지중해와 흑해*의 길목을 차지하고 있던 트로이와 전쟁을 벌인단다. 지중해를 완전히 지배하려는 미케네 사람들에게 트로이는 눈엣가시 같은 존재였거든.

　트로이 전쟁에서 승리를 거둔 뒤 미케네는 50년 가량 최고의 번영을 누렸어. 그래서 '황금의 미케네'라고 불리기도 했단다.

　미케네 사람들이 이룩한 건축 기술, 예술, 문화 등은 훗날 그리스에 전해져 큰 영향을 미쳤어. 예를 들면, 그리스 신화에 나오는 제우스, 헤라, 헤르메스, 포세이돈 등은 모두 미케네의 신화에 등장하는 신들이란다. 그리스 문화의 영향을 많이 받은 유럽 사람들은 자기네 문화의 뿌리가 바로 크레타 섬이나, 그리스 반도 등 지중해 연안의 문화에 있다고 생각해.

　미케네 문명은 바로 서아시아, 이집트 문명과 유럽의 그리스 문명을 연결하는 다리 역할을 했다고 볼 수 있지.

흑해*
유럽 지중해 동쪽에 있는 에게 해와 이어져 있다. 오늘날의 터키, 불가리아, 루마니아, 우크라이나 등에 둘러싸여 있다. 지중해와 서아시아 일대를 잇는 중요한 교통로로, 아주 옛날부터 흑해를 차지하기 위한 경쟁이 치열했다.

클릭! 역사 속으로
미노스 왕과 다이달로스의 미궁

옛날 크레타 섬의 미노스 왕이 나라를 다스리던 시절, 주변 그리스에 다이달로스라는 솜씨 좋은 기술자가 살고 있었어. 다이달로스는 어찌나 솜씨가 좋았는지 새의 날개를 만들 수 있을 정도라고 소문이 나 있었지. 그래서 미노스 왕은 건물을 짓거나 조각을 하는 일을 그에게 모두 맡겼어.

어느 날 미노스 왕은 다이달로스를 은밀히 불러냈어. 그러고는 아무도 빠져나올 수 없는 미궁을 만들라는 주문을 했어. 미궁 속에 미노타우로스를 가둘 생각이었던 거야. 미노타우로스는 몸은 사람인데 머리는 소인 괴물이었어. 미노스 왕의 아내가 황소와 사랑에 빠져서 낳은 자식이었지. 미노스 왕은 미노타우로스를 차마 죽이지는 못하고 미궁을 만들어 다시는 밖으로 빠져나올 수 없게 하려고 했어.

다이달로스는 미노스 왕의 주문대로 미궁을 만들었어. 그 안에는 수없이 많이 갈라진 복잡한 미로가 있었어. 한 번 들어가면 다시 나올 수 없었지. 그런데 이곳을 빠져나온 사람이 한 명 있었어. 바로 그리스의 영웅 테세우스였어. 테세우스는 미궁으로 보내져 미노타우로스의 먹이가 될 처지였어. 그런데 미노스 왕의 딸 도움을 받아 실 꾸러미를 들고 미궁으로 들어갔어. 실을 풀면서 미궁 안으로 들어가 미노타우로스를 죽인 뒤 실을 따라 밖으로 빠져나왔어.

이 이야기는 그리스의 신화인데 다이달로스가 지은 미궁 이야기는 당시 미노아 문명 사람들이 아주 뛰어난 건축 기술을 갖고 있었다는 것을 말해준단다.

인류가 이룩한 발전, '문명'

문명 이전인 구석기 사회는 매우 단순하고 원시적이었어. 적은 수의 무리가 떼를 지어 이곳저곳을 떠돌며 동굴 같은 곳에서 살았어. 무리의 수가 적으니 사람들 사이의 관계도 복잡하지 않았어. 사냥과 채집으로 먹을 것을 해결하고, 돌로 아주 간단한 도구를 만들어 사용했지. 그리고 불이나 천둥, 바람, 숲 같은 자연 현상을 두려워했단다.

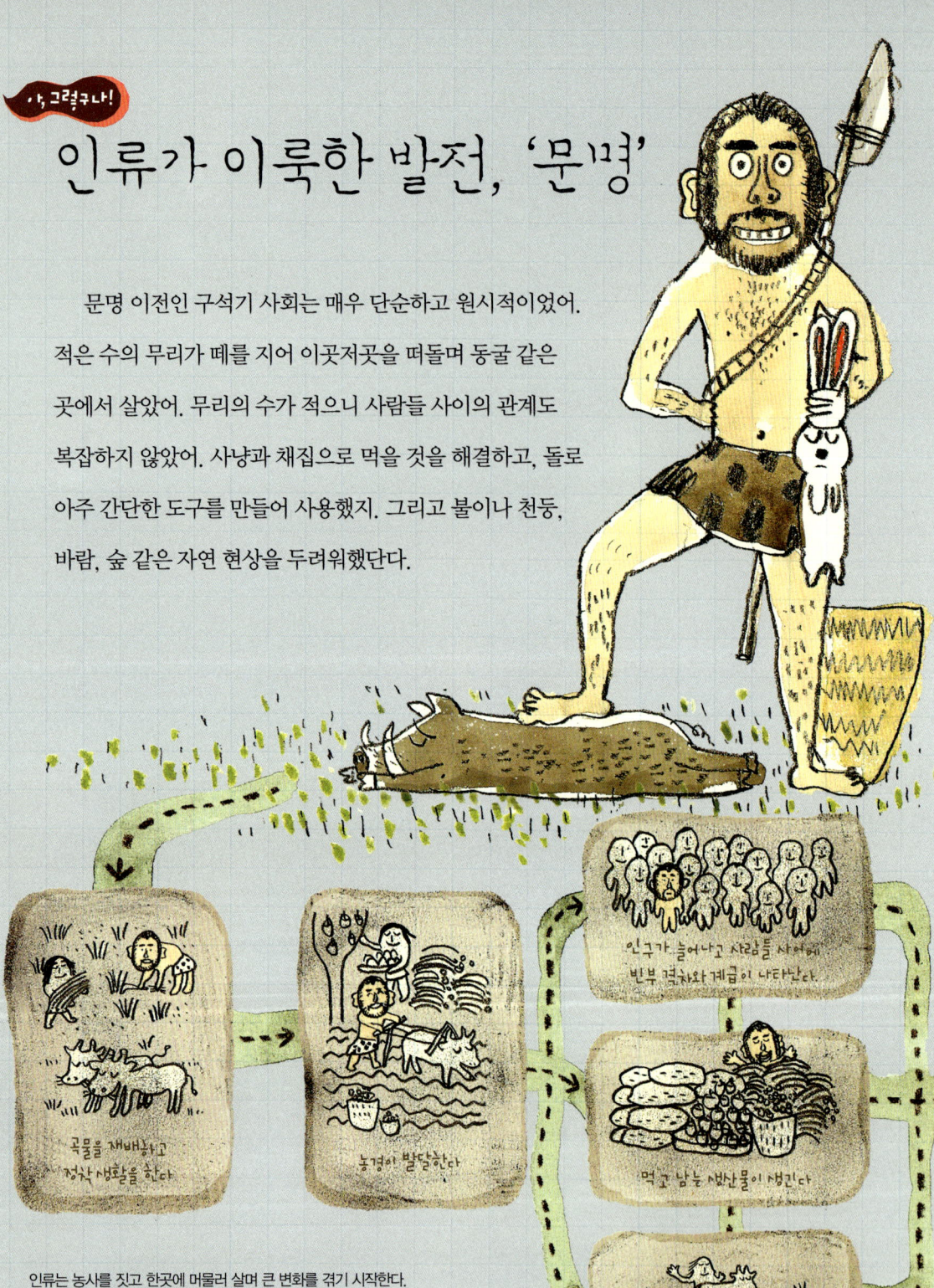

인류는 농사를 짓고 한곳에 머물러 살며 큰 변화를 겪기 시작한다. 농경과 정착 생활은 사람들의 생활뿐만 아니라 생각, 인간 관계까지 크게 변화시켰다. 그리고 이런 변화는 시간이 갈수록 커졌다.

도시, 복잡한 사회 관계, 문자, 바퀴 같은 새로운 도구, 복잡한 기술, 통치 조직과 법, 종교와 사상 등이 문명을 이루는 요소들이다.

메소포타미아, 이집트, 인도 서북부, 중국 북부 지역은 모두 큰 강을 끼고 있어. 이 지역은 주변의 땅이 비옥하고, 교통이 편리해 농업과 함께 상업과 수공업도 점점 발달했지. 그러면서 사람들 수가 크게 늘고 큰 도시와 국가가 나타났어. 왕과 귀족, 관리들도 이루어진 좀 더 발달한 통치 조직과 국가를 다스리는 법도 생겼단다. 뿐만 아니라, 하는 일과 신분에 따라 사람들 사이의 관계도 훨씬 복잡해졌어. 신과 종교에 대한 생각들도 좀 더 체계적이고 세련되게 다듬어졌지. 많은 사람들의 경험과 지혜가 모아져 복잡하고 수준 높은 기술이 개발되었고, 새로운 도구들이 많이 만들어졌어. 그리고 늘어난 정보를 기록하기 위해 문자가 만들어졌지. 이처럼 '문명'은 인류가 원시적이고 단순한 사회생활에서 벗어나 훨씬 복잡하고, 다양한 사회생활을 하며 이룩한 것을 뜻한단다.

고대 문명의 발전

기원전 1600년 ~ 기원전 600년

앞에서 인류의 초기 문명들, 즉 서아시아의 메소포타미아 문명, 인도 북부의 인더스 문명, 동아시아의 황허 문명, 지중해 연안의 미노아와 미케네 문명에 대해 이야기했지? 이 문명들은 청동기를 바탕으로 탄생했어. 그런데 철기 문화가 퍼지면서 새로운 변화가 일어나기 시작했단다.

철기는 청동기보다 단단하면서도, 만드는 비용은 덜 들었지. 그래서 칼, 방패 같은 무기뿐만 아니라, 도끼, 쟁기 같은 농기구를 만드는 데에도 널리 사용되었어. 철기를 사용하면서 농업 생산력과 인구도 빠르게 늘어났지. 이와 함께 새로운 나라들이 여기저기서 나타나 경쟁하는 일이 잦아졌단다. 그러다 보니 이전에는 없던 새로운 문제들이 생겨나기도 하고, 종교와 사상, 정치 제도 등이 새로 만들어지기도 했어. 그러면서 문명도 크게 발전했지.

이제부터 여러 민족들이 철기 문화를 바탕으로 어떻게 새로운 통치 기술을 발전시키고, 새로운 문명을 만들어 갔는지 살펴보자. 자, 그럼 시작한다!

서아시아와 북아프리카의 정복 왕국

바빌로니아는 함무라비 왕 때 메소포타미아 지역에서 가장 큰 나라로 성장해 번영을 누렸어. 하지만 함무라비 왕이 죽은 뒤로는 아주 빠르게 힘이 약해졌단다.

그러자 그 틈을 놓치지 않고 여러 나라가 나타나 서로 힘을 겨루었어. 특히 철기를 사용하는 히타이트는, 강력한 군사력을 앞세워 큰 세력을 떨치면서 서아시아 일대에 철기 문화를 널리 퍼뜨렸단다.

| 히타이트 사람들이 철기 문화를 퍼뜨리다 |

약 100년 전까지만 해도 히타이트에 대해 알려진 것은 『성경』에 짧게 나온 내용이 거의 다였어. 『성경』에는 히타이트 사람들이 히브리 사람들을 괴롭히는 야만적이고 잔인한 민족으로 그려져 있단다. 그런데 1907년에 어떤 학자가 지금의 터키 아나톨리아의 고원 지대에서 아주 오래된 도시의 흔적을 발견했어. 그 도시의 한 건물에서는 낯선 문자로 기록된 점토판이 2만 개도 넘게 발견되었지. 수십 년이 걸려 그 문자를 해독한 결과, 놀랍게도 그 도시가 히타이트의 수도였던 하투사스라는 사실이 밝혀졌어. 야만적인 민족으로 알려진 히타이트 사람들이 실은 높은 수준의 도시 문명을 누렸다는 사실이 밝혀진 것이지.

히타이트 사람들은 원래 러시아 남부, 흑해와 카스피 해 북쪽의 초원 지대에서 유목을 하며 살았어. 그

히타이트 병사들이 전차를 타고 사냥을 하는 모습을 새긴 조각이다.

러다가 기원전 2000년 무렵부터 남쪽의 아나톨리아로 옮겨 와 도시를 세웠지. 아나톨리아의 산에는 철광석이 많았어. 철광석에는 여러 불순물이 섞여 있어서 그 불순물을 없애고 강하게 단련시키는 과정을 거쳐야 쓸 수 있단다. 그런데 당시의 수준으로는 이 기술을 개발하는 것이 쉽지 않았어. 히타이트 장인들은 철광석과 오랜 씨름을 한 끝에 마침내 철광석을 다루는 기술을 개발했단다. 아직 메소포타미아의 다른 나라들은 청동기를 쓰고 있었지.

그 뒤 히타이트 사람들은 청동 대신 철로 무기뿐만 아니라 전차도 만들었어. 이 전차는 청동으로 만든 전차보다 튼튼하면서도 가볍고, 다루기도 쉬웠지. 그래서 히타이트 전차에는 세 사람 이상이 탈 수 있었어. 한 사람이 말을 모는 동안 다른 두 사람은 활을 쏘거나 칼을 휘두를 수 있었으니, 히타이트 전차 부대의 전투 능력도 크게 늘었지. 게다가 히타이트 병사들은 성 밑에 땅굴을 파서, 몰래 성안으로 들어

히타이트 병사들이 전차를 타고 사냥을 하는 모습을 새긴 조각이다. 히타이트의 전차는 철로 만들어 튼튼하고 다루기에 편리했다.

가 도시를 정복하는 방법도 알아냈어.

이렇게 앞선 전쟁 무기와 기술 말고도 히타이트 병사들에게는 한 가지 무기가 더 있었어. 그건 바로 사람의 마음을 전쟁에 이용할 줄 알았다는 거야. 예를 들면, 히타이트 병사들은 전쟁터에 나서면 가차 없이 적을 죽였단다. 이 소문이 퍼져 나가면서 다른 사람들은 히타이트 병사를 보기만 해도 미리 벌벌 떨며 움츠러들었지. 그 덕분에 히타이트 병사들은 싸우기 전부터 유리한 위치를 차지할 수 있었지.

이렇게 철제 무기와 전차 그리고 심리전을 앞세운 히타이트는 기원전 1600년~기원전 1200년 사이에 메소포타미아, 시리아, 팔레스타인 일부까지 차지하는 큰 왕국이 되었단다. 한때는 멀리 이집트까지 원정을 갈 정도로 큰 힘을 떨쳤지.

그런데 히타이트는 기원전 1200년 무렵 갑자기 멸망하고 말았어. 그리스를 피해 이동해 온 민족이 히타이트를 무릎 꿇게 만들었지. 그 뒤로 히타이트 사람들은 남쪽 시리아로 몸을 피했는데, 기원전 717년에는 그곳도 아시리아, 리디아* 등에게 정복되고 말았단다.

전쟁과 관련한 것 말고 히타이트의 다른 모습은 아쉽게도 별로 알려진 것이 없구나. 태양신을 모셨고, 그 밖에 여러 신을 숭배하였다는 것 정도가 알려졌을 뿐이야. 그리고 히타이트의 법이나 예술은 메소포타미아와 이집트의 앞선 문화로부터 영향을 받았다는구나. 하지만 히타이트가 자랑하는 전쟁 기술과 무기는 서아시아는 물론 지중해 지역까지 영향을 끼쳤어. 예를 들어 아시리아는 히타이트의 철제 무기와 군사 조직술을 더욱 발전시켜

리디아*
소아시아의 서부 지방에서 기원전 7세기~기원전 6세기에 번영한 왕국이다. 메소포타미아와 그리스의 영향을 받아 독특한 문화를 발전시켰다. 기원전 700년 무렵에는 세계 최초로 화폐를 만들어 사용하였다.

충차*
나무로 만들어졌고, 동물 가죽으로 덮여 있었다. 활을 쏘는 병사들은 충차에 숨어 성으로 진격했다. 충차 앞에 망치 같은 것이 달려 있어 성문과 성벽을 부수는 데 사용되었다.

서아시아에 거대 제국을 세웠고, 또 훗날 지중해를 중심으로 거대 제국을 건설한 로마 역시 히타이트의 영향을 받았단다.

| 아시리아 사람들이 거대 제국을 건설하다 |

히타이트를 정복한 아시리아는 최초로 메소포타미아 지역 대부분을 차지하는 거대한 제국을 세웠어. 아시리아 사람들은 원래 기원전 2500년 무렵부터 티그리스 강 상류의 계곡에서 수백 년 동안 농사를 지으며 동떨어져 생활을 했어. 그런데 바빌로니아가 메소포타미아에 큰 왕국을 세운 뒤로는 바빌로니아의 지배를 받기도 하고, 외적의 침입에 자주 시달려야 했어.

그러는 가운데 아시리아 사람들은 강해져야 살 수 있다는 것을 깨달았지. 그래서 외적의 침입에 대비해서 전투 훈련을 하고, 평야 지대에서 잘 싸울 수 있는 기술을 개발했어. 그 뒤 아시리아 사람들은 '가장 좋은 방어는 먼저 공격하는 것이다.'라고 생각해 주변 지역 정복에 나섰단다. 그리고 메소포타미아의 발달한 정치 제도와 군사 기술을 받아들여서 기원전 800년 무렵부터 시리아, 페니키아, 이스라엘, 이집트 등을 정복하고 거대한 제국을 만들었지.

이들이 거대한 제국을 세우는 데에는 히타이트의 철제 무기와 새로운 전쟁 기술이 큰 역할을 했어. 아시리아의 기술자들은 철로 칼, 창, 화살, 방패 등을 만들고, 가죽과 철로 된 갑옷과 투구까지 개발했단다. 그리고 성벽을 무너뜨리거나 넘을 수 있는 충차*도 만들었지. 게다가 아시리아 병사들은 기마술도 익히고 있었어. 이 무렵 전차가 아니라 말을 타고 싸우는 것은 새로운 전쟁 기술이었지. 기마술은 다른 나라의 전차 부대와 싸울 때 큰 효과를 보았단다.

또 아시리아의 군대에서는 적의 머리를 잘라 오면 머리 수에 따라 상을 주었어.

그래서 아시리아 병사들은 상을 받기 위해 전쟁터에서 용감하게 싸웠지. 아시리아는 능력에 따라 포상하고, 승진할 수 있는 제도를 통해 군대를 조직하여, 전쟁에서 효과적으로 승리를 거둘 수 있었던 거야.

아시리아 군대는 전쟁에서 승리를 거둔 뒤 포로나, 정복한 땅의 백성을 아주 잔혹하게 다룬 것으로도 유명했어. 아시리아의 한 왕은 무려 3,000명에 이르는 포로를 불에 태워 죽이기도 했대. 이 정도로 무서웠으니, 미리 겁을 먹고 변변히 싸우지도 않고 아시리아 군대에 항복하는 이들도 있었어. 아시리아 군대도 히타이트 군대

아시리아 군대가 성을 공격하는 그림이다. 아시리아 군대는 성을 향해 활을 쏘고, 돌을 날렸다. 그동안 철제 무기로 무장한 군사들이 사다리로 성벽을 넘어갔고, 충차는 성벽과 성문을 부쉈다.

처럼 일종의 심리전을 이용한 것이지.

  덕분에 아시리아는 메소포타미아 지역을 처음으로 통일한 대제국이 되었단다. 그럼, 아시리아는 이 넓은 땅을 어떻게 다스렸을까? 아시리아 제국의 왕들은 통치에 필요한 법률을 다듬고, 전 영토를 잇는 도로를 만들었어.

그리고 거대한 왕궁과 신전을 지어 왕의 위엄을 뽐내기도 했지. 아시리아 제국의 수도였던 니네베는 매우 화려한 도시로 이름을 떨쳤는데, 아슈르바니팔 왕은 니네베에 커다란 도서관을 세웠어. 이 도서관에는 당시 메소포타미아 지역의 중요한 문서들이 거의 다 갖춰져 있었다는구나.

그런데 아시리아의 지배를 받는 다른 민족들은 불만이 많았어. 겉으로는 복종하는 척했지만, 속으로는 아시리아의 잔혹함과 무거운 세금에 불만을 품고 살았던 거야. 그런 가운데 아시리아는 기원전 7세기 중반 무렵부터 힘을 잃기 시작해서, 결국 기원전 612년에 신바빌로니아 왕국의 네부카드네자르 왕에게 멸망당하고 말았어.

뛰어난 전쟁술과 전쟁 무기를 지녔던 아시리아가 멸망한 까닭은 무엇이었을까? 여러 가지 요인이 있겠지만, 자신들이 지배한 민족에게

아시리아 왕국 말기의 아슈르바니팔 왕이다. 영토를 이집트까지 넓히기도 하였으나 잦은 전쟁으로 나라의 힘이 약해졌다. 하지만 예술과 문학을 힘껏 후원하였다.

너무 가혹하게 대했기 때문은 아닐까? 실제 아시리아가 다른 민족의 공격을 받았을 때 평소 불만을 품고 있던 피정복민들이 아시리아를 공격한 민족의 편을 들기도 했대. 아시리아는 거대한 제국을 건설했지만, 그 제국을 아시리아 중심으로 통합시키고, 평화롭게 유지할 수 있는 방법은 찾지 못한 거란다.

| 이집트 신왕국이 영토 확장에 힘쓰다 |

기원전 1785년 무렵, 아시아의 유목 민족인 힉소스 사람들이 이집트에 쳐들어왔어. 그들은 말이 끄는 전차를 타고, 손에는 청동 무기를 휘두르며 이집트 군대를 공격했지. 당시 이집트에는 전차도 없고, 청동 무기도 없었어. 이집트 군대는 나무나 돌로 만든 무기로 힉소스의 침략에 맞섰지만, 끝내 무릎을 꿇었지.

번영을 누린 아시리아의 수도 니네베를 상상해서 그린 그림이다.

그 뒤 이집트는 200년 가까이 힉소스 사람들의 지배를 받았단다. 이집트 사람들은 힉소스 사람들의 지배 아래에서 노예 신세가 되어 힘든 노동에 시달리거나, 차별 대우를 받으며 아주 힘든 시간을 보내야 했지. 참다못한 이집트 사람들은 아흐모세라는 장군을 중심으로 뭉쳐서 반란을 일으켰어. 이때 힉소스 사람들에게 배운 전차와 청동 무기 만드는 기술이 큰 힘이 되었지. 아흐모세와 반란군은 힉소스 사람들을 몰아낸 뒤, 나라를 되찾았단다. 이때부터를 이집트의 신왕국 시대라고 해.

신왕국의 초기 파라오들은 다시는 이민족의 지배를 받지 않으려고 강력한 군대를 키우는 데에 온 힘을 기울였어. 그리고 주변 나라들을 정복하는 한편, 지중해와 메소포타미아 지역의 여러 나라와 외교 관계를 맺었지. 특히 여성 파라오였던 하트셉수트는 20년 넘게 나라를 다스리면서 이집트를 번영으로 이끌었어. 어느새 이집트는 서아시아의 아시리아와 어깨를 겨룰 만큼 힘센 나라가 되었단다.

그런데 앞에서 이집트 사람들이 사후 세계에 관심이 많았다고 했지. '죽은 뒤의 세계에서 영원히 살기 위해서는 살아 있는 동안 열심히 일하고, 착하게 살아야 한다.'라는 것이 이집트 사람들의 생각이었어. 하지만 힉소스의 지배와 여러 차례의 정복 전쟁을 치르는 사이, 이집트 사람들은 생각이 변했단다. 거기에는 신관의 역할이 컸어. 신관

전차를 타고 활을 쏘며 히타이트의 성을 공격하는 람세스 2세와 그의 부대 모습을 그린 그림이다.

은 이렇게 주장했어.

"죽음의 신 앞에서 심판을 받을 때, 내가 주는 부적만 갖고 있으면 좋은 세계에 갈 수 있다."

신관은 사람들에게 부적을 팔아 돈을 많이 모으고, 힘을 키워 나갔지. 이제 이집트 사람들은 피라미드보다 신전을 더 많이 짓게 되었단다. 종교가 올바른 도덕과 윤리를 가르치기는커녕, 신관들의 힘만 키워 주는 꼴이 된 거야.

그러다가 기원전 1375년에 파라오 아멘호테프 4세가 종교 개혁을 시도했어. 신전에서 신관을 몰아내고 이집트의 전통적인 신들 대신 새로운 태양신 아톤만을 섬기도록 한 거야. 하지만 종교 개혁은 이집트 사람들의 마음을 사지 못했어. 왜냐하면 이집트 사람들이 중요하게 여기는 죽은 뒤의 세계에 대한 약속이 거의 없었기 때문이지. 결국 아멘호테프 4세의 종교 개혁은 실패로 돌아갔어.

이집트 신왕국 시대의 특징 가운데 하나는 파라오들이 피라미드를 짓는 대신에 거대한 신전을 지었다는 점이야. 특히 절대적인 권력을 손에 쥐었던 람세스 2세는 룩소르와 카르나크 신전,* 아부심벨 대신전 등 굵직굵직한 공사를 많이 벌였어.

람세스 2세가 그의 제1왕비를 위해 만든 묘는 왕비의 묘 가운데 가장 화려한 것이었어. 람세스 2세 때 화려한 건축물을 많이 세울 수 있었던 것은 그가 이집트 신왕국의 영토를 넓히고, 나라의 번영을 이끌었기 때문이야. 이 무렵 모세가 히브리 사람들을 데리고 이집트를 탈출하는 이야기가 성경에 전해진단다.

성경에서 람세스 2세는 잔인한 왕으로 그려지고 있지만, 이집트 사람들은 그를 가장 위대한 파라오로 꼽았어. 그 뒤를 이은 왕들 가운데 람세스의 이름을 따른 왕이 아홉 명이나 된다니, 얼마나 많은 존경을 받았는지 알겠지?

하지만 이렇게 번영을 누리던 이집트의 신왕국은 시간이 지나면서 힘을 잃기 시작했어. 그렇게 된 데에는 종교 탓이 컸단다. 사람들은 신관의 주술적 힘에 지나치게 기댔고, 나중에는 신관의 힘이 왕보다도 세졌어. 귀족이건 평민이건 간에 주술적인 종교에 너무 빠져 지내다 보니 나라가 점점 약해진 거지.

이 틈을 타서 이민족들이 쳐들어왔는데, 이때는 람세스 2세처럼 강력한 지도력을 가진 파라오가 없어서 이민족을 물리칠 수 없었지. 결국 기원전 750년 무렵에는 남쪽에 있던 누비아 사람들이 이집트를 지배하면서 쿠시 왕국*을 건설했고, 이어서 아시리아, 페르시아 제국, 그리스의 알렉산드로스 제국 등이 이집트를 정복했단다. 이 이야기는 4장에서 더 보자꾸나.

카르나크 신전*
길이가 약 400미터에 달하는 신전이다. 신전에 사용된 기둥 중 가장 큰 기둥은 높이가 21미터였고, 지름은 6미터가 넘는다. 기둥머리에는 100명의 사람이 서 있을 수 있다고 한다.

쿠시 왕국*
아프리카 나일 강 상류 지역에 살던 누비아 사람들이 세운 왕국이다. 한때 이집트의 지배를 받기도 했으나, 기원전 8세기 중반에 이집트의 힘이 약해지자 도리어 이집트를 정복해 다스렸다. 그러나 쿠시 왕국의 왕들은 이집트의 파라오의 통치 방식을 모방했으며, 이집트식 칭호와 이름을 사용했다.

클릭! 역사 속으로
모세와 유대교

　기원전 20세기 무렵, 히브리 사람들은 지금의 팔레스타인 땅인 가나안에 자리를 잡고 이스라엘이라는 나라를 세웠단다. 그런데 기원전 17세기 무렵, 가나안에 계속해서 흉년이 들었어. 히브리 사람들은 더는 그곳에서 살 수가 없어져서 이집트로 옮겨 갔지. 그런데 기원전 13세기가 되자 이집트의 파라오는 히브리 사람들을 노예로 삼고, 억압하기 시작했어.

　람세스 2세 때 히브리 사람인 모세는 공사판에서 이집트 감독관이 히브리 사람을 때리는 것을 보고, 화를 참지 못한 나머지 한주먹에 감독관을 죽이고 말았어. 모세는 도망자 신세가 되어 이집트를 떠났단다. 그러던 어느 날 모세는 하느님으로부터 히브리 사람들을 이집트 파라오의 손아귀에서 구출하라는 명을 받았어.

　이집트로 돌아온 모세는 히브리 사람들을 모아 놓고 이야기했단다.

　"오로지 하느님만을 믿겠다고 약속하면 이집트에서 탈출하게 해 주겠소."

　그 전까지 히브리 사람들은 여러 신을 모셨는데, 이제부터 하느님만을 단 하나의 신으로 모시라는 거였어. 히브리 사람들은 모두 모세에게 하느님만을 믿겠다는 약속을 했고, 모세는 히브리 사람들을 이끌고 이집트를 떠났어. 이때 모세는 홍해가 갈라지는 기적을 보여 이집트 군대의 추격을 따돌리기도 했단다.

　그리고 히브리 사람들의 고향인 가나안 땅으로 가는 도중이었어. 어느 날 모세가 시나이 산에 오르자 하느님이 무시무시한 바람의 모습으로 나타났어. 하느님은 모세에게 십계명을 알려 주고, 그것을 두 개의 돌판에 새겨 주었어. 십계명의 첫머리는 이렇게 시작해.

　"너희 하느님은 나, 야훼다. 바로 내가 너희를 이집트 땅 종살이 하던 집에서 이끌어 낸 하느님이다. 너희는 내 앞에서 다른 신을 모시지 못한다."

　모세는 신이 내린 십계명을 사람들에게 알려 주고, 따르도록 했어. 이 십계명은 유대교의 중요한 규율이 되었지. 유대교는 나중에 유일신을 믿는 크리스트교가 탄생하고, 크리스트교의 교리가 발전하는 데도 많은 영향을 주었단다.

인도에 나타난 새로운 문명

기원전 1500년 무렵, 지금의 터키 서부에서 히타이트 사람들이 큰 왕국을 세우고 영토를 넓혀 가고 있을 때, 오늘날 러시아의 카스피 해 근처에 살던 아리아 사람들이 이란 지역을 거쳐 인도 서북부 지역으로 몰려들었어. 그리고 원주민들을 내몰고 그 지역을 차지했지.

아리아 사람들은 시간이 지나면서 인도 서북부 지역에서 갠지스 강이 있는 동쪽으로 옮겨 갔고, 여러 도시와 국가를 세웠단다. 그 사이에 새로운 종교와 문화도 만들었지. 지금부터 아리아 사람들이 인도에서 꽃피운 새로운 문명에 대해 알아보자꾸나.

| 아리아 사람들이 인도로 몰려들다 |

앞에서 본 히타이트 사람들도 그렇고, 아리아 사람들도 그렇고, 왜 원래 살던 곳을 떠나 다른 지역으로 옮겨 간 것일까? 기록이 남아 있지 않아서 정확히는 알 수 없지만, 짐작해 볼 수는 있지. 역사적으로 민족이 무리를 지어 다른 지역으로 옮겨 가는 이유는 대개 비슷하단다. 기후가 크게 변해 예전처럼 생활하기 어려워졌을 때, 지진이나 홍수, 산불 같은 천재지변으로 생활의 터전이 못쓰게 되었을 때, 전염병이 퍼졌을 때, 외적이 침입해 왔을 때, 인구가 크게 늘어 먹을 것이 부족해졌을 때 등이지. 히타이트 사람들이나 아리아 사람들도 이와 비슷한 이유에서 생활의 터전을 옮겼을 거야.

그런데 아리아 사람들이 하

라파에 들어가기 전, 하라파는 이미 무너져 가고 있었어. 그래서인지 처음에는 하라파에 살고 있던 인도 원주민들과 아리아 사람들이 크게 부딪친 흔적은 발견되지 않아.

그런데 시간이 흘러 아리아 사람들의 수가 크게 늘어나면서 아리아 사람들과 원주민 사이에 갈등이 커지기 시작했지. 생각해 보렴. 우리끼리 살고 있던 땅에 갑자기 다른 민족의 수가 크게 불어난다면 어떤 느낌이 들겠니? 위협을 느껴 다른 민족을 곱지 않은 눈으로 쳐다보게 될 테고, 어떻게든 그들을 쫓아내고 싶겠지? 원주민들과 아리아 사람들도 그런 갈등을 빚었을 거야. 하지만 원주민들은 전차와 뛰어난 무기를 앞세운 아리아 사람들을 당해 낼 수 없었지. 결국 원주민들은 점차 인도 남부 지역으로 밀려나고, 아리아 사람들이 인도 역사의 새로운 주인공으로 떠올랐단다.

아리아 사람들은 인도에 들어와서도 처음에는 유목 생활을 계속했어. 그러다 기원전 1000년 무렵부터는 인도 동북부 쪽의 갠지스 강 근처에 자리를 잡고 정착해 살기 시작했어. 그리고 원주민들에게 농사짓는 방법 등 정착 생

아리아 사람들이 인도에 들어와 여러 왕국을 세울 때의 이야기를 기록한 '마하바라타'의 전투 장면이다.

활에 필요한 여러 가지 기술을 배웠지.

시간이 지나면서 갠지스 강 주변 평야 지역에는 마을이 하나둘 늘어났어. 그리고 갠지스 강을 따라 마을끼리 교류가 활발해지자 마을의 규모도 커졌단다. 교통이 편리한 마을에는 상인과 장인들이 모여들었고, 이들 마을은 점차 도시로 발전했지.

마침내 기원전 8세기 무렵부터 갠지스 강 유역에는 여러 국가가 나타났는데, 이들 국가의 왕들은 서로 더 많은 땅을 차지하려고 끊임없이 전쟁을 치렀어. 이렇게 전쟁을 거듭하는 동안 왕의 힘도 커졌지. 전쟁에서 이기려면 왕을 중심으로 뭉쳐야 했거든. 힘이 커진 왕들은 관리들을 파견해 농민과 상인들에게 세금을 거두기 시작했고, 군인들을 모아 정식 군대도 갖추었어.

이 무렵 인도 북부에서 가장 큰 세력을 떨친 나라는 코살라 왕국과 마가다 왕국이야. 두 나라는 오랫동안 서로 세력을 다투다가, 기원전 6세기 무렵부터 마가다 왕국이 코살라 왕국을 비롯해 여러 나라를 정복하고 인도 북부 지역을 거의 통일했단다.

아리아 사람들이 여러 왕국으로 나뉘어 벌인 전쟁에 대해서는 「마하바라타」라는 아주 긴 서사시에 기록되어 전해진단다. 이 서사시는 수백 년 동안 입에서 입으로 전해졌는데, 여기에는 아리아 사람들과 인도 원주민의 문화가 함께 녹아 있단다.

카스트*
카스트라는 말은 원래 인도 말이 아니라 포르투갈 말로, '계급'을 뜻한다. 16세기에 인도를 찾은 포르투갈 사람이 인도 사회에 아주 엄격한 계급 구별이 있는 것을 발견하고, 그것을 카스트라고 부른 데서 유래했다. 인도 말로는 '바르나'라고 한다.

| 카스트* 제도가 뿌리내리다 |

옛날에 인도에서는 차를 팔 때 흙으로 빚은 잔에 담아서 팔았

대. 그런데 재미있는 것은 차를 다 마시고 나면 잔을 다시 쓰지 않고 깨뜨려 버렸다는 거야. 왜 그랬을까? 그것은 계급이 서로 다른 사람이 같은 잔을 쓰지 않도록 하기 위해서란다.

인도에는 카스트라는 신분 제도가 있는데, 아리아 사람들이 인도로 옮겨 와 살면서 만든 제도야. 수백 년에 걸쳐 만들어지고, 또 수백 년에 걸쳐 변해 온 제도란다.

아리아 사람들은 원래 부족 단위로 생활했어. 그때는 농민과 유목민으로 구성된 평민, 그리고 그들을 이끄는 전사, 성직자로 아주 단순하게 계급이 구성되어 있었단다. 세 계급은 생활 방식의 구별 없이 서로 어우러져 살았어.

그런데 인도에 들어가 원주민과 함께 살면서부터 변화가 생겼단다. 게다가 왕국을 세우고, 전쟁으로 땅을 넓혀 나가면서 사회가 점점 복잡해졌지. 직업이 다양해지고, 정치적으로나 경제적으로 사람들 사이에 차이가 점점 벌어지면서 계급 구분도 뚜렷해졌어. 그러다가 나중에는 사회 구조가 피라미드 모양을 띠게 되었지. 메소포타미아나 이집트에서처럼 말이야.

기원전 8세기 무렵부터 갠지스 강 유역에 여러 국가가 나타났고, 각 나라의 왕들은 위엄을 드러내기 위해 백성들을 살피는 화려한 행차를 자주 했다.

『베다』*
아리아 사람들은 신들에 대한 많은 시, 기도, 찬양하는 노래 등을 많이 지어서, 입에서 입으로 후손에게 전달하였다. 이것들을 모아놓은 것들이 『베다』이다. 『베다』는 수백 년 동안 입에서 입으로만 전해지다, 아주 훗날에 문자로 기록되었다.

기원전 1000년 무렵에 쓰인 인도 경전 『베다』*의 찬가에는 이런 대목이 나와.

"세상의 초기에 신들이 네 개의 바르나를 만들었고, 브라만과 크샤트리아를 인간 중에서 가장 영예로운 집단으로 삼아 그들 사회를 이끌도록 했다."

네 개의 바르나란 성직자인 브라만, 귀족과 전사인 크샤트리아, 농민과 상인, 장인으로 이루어진 바이샤, 땅이 없는 농민과 노예인 수드라를 말해. 바르나는 아리아 사람들의 사회 계급인데, 원래는 산스크리트 어로 '색깔'을 가리키는 말이야.

색깔이라는 말이 어떻게 해서 계급을 뜻하게 됐을까? 어떤 이들은 아리아 사람과 인도 원주민의 피부색에서 비롯했다고 설명하지. 피부가 하얀 편인 아리아 사람들이 자신들과 검은 피부의 원주민들을 구분하면서 하얀 피부가 더 고결하다는 인식을 갖게 되었다는 거야. 하지만 아리아 사람들과 원주민들은 오랜 세월을 거치며 함께 결혼도 하고 섞여서 생활했기 때문에, 민족에 따라 계급이 갈라졌

우주의 질서를 바로잡는 신으로 알려진 비슈누의 조각이다.

116 고대 문명의 발전

다고 보기는 힘들다는 의견이 많단다. 그보다는 메소포타미아나 이집트처럼 정치권력과 빈부의 차이가 계급을 나누었을 가능성이 더 크지. 어쨌든 기원전 6세기 무렵에는 바르나에 따라 사람들의 역할과 직업, 생활 방식, 거주 지역이 확실히 구분되었을 것으로 짐작한단다.

이 무렵 아리아 사람들은 진주, 면화, 후추 등의 특산물을 배에 싣고 페르시아 만과 동남아시아 등으로 다니며 교역을 했어. 덕분에 지중해 지역에서도 후추를 비롯한 인도의 상품을 접할 수 있었지. 이렇게 교역이 왕성해지자, 장인과 상인이 늘어나고, 직업도 훨씬 다양해졌어.

장인의 집안에서는 아들이 어려서부터 아버지에게 기술을 배워서 집안 대대로 가업을 이었지. 또 비슷한 일을 하는 사람끼리 조합을 만들어, 자신들의 이익을 지키는 데에 한목소리를 내고, 기술도 발전시켰단다. 이 조합을 '자티'라고 불러.

시간이 흐르면서 네 계급은 다시 직업에 따라 여러 개의 자티로 구분되었어. 그리고 자티의 규칙을 따르지 않는 사람은 자티에서 쫓겨나서 천민 계급을 형성했지. 이들을 불가촉천민이라고 하는데, '접촉할 수 없는 천한 사람'이라는 뜻이야.

카스트 제도의 발생을 설명하고 있는 그림(왼쪽)과 세상의 악을 응징하는 신으로 알려진 시바의 조각(오른쪽)이다.

새로운 종교인 불교가 나타나다

　유목 생활을 하던 아리아 사람들이 정착 생활을 하면서 아리아 사람들의 생각도 점차 변했단다. 그러면서 이전에 믿던 신 대신에 새로운 신들을 더 숭배하기 시작했어. 그 중에 대표적인 신들이 브라흐마, 비슈누, 시바 신이야. 이들 신들은 세상을 만들거나, 우주와 사회의 질서를 바로잡는 일을 하는 신들이란다.

　아리아 사람들은 신들에게 잘 보이기 위해 제사를 지냈어. 제사를 지낼 때는 소, 양, 염소, 말 등의 가축들을 제물을 바쳤는데, 제물의 수가 수십, 또는 수백 마리가 넘었단다. 아리아 사람들은 이렇게 제물을 바치면 신들이 기뻐할 것이라고 믿었어. 그리고 신들이 농사가 잘되게 해 주기도 하고, 전쟁에서 승리하게 만들어주기도 한다고 생각했지.

　이와 함께 성직자 계급인 브라만들의 힘도 커졌어. 브라만들은 경전인 『베다』를 중심으로 아무리 사소한 행동도 반드시 죽은 뒤에 결과가 나타나며, 누구나 우주의 질서를 유지하기 위해 노력해야 한다는 교리를 만들었지. 그리고 우주의 질서를 무너뜨리지 않으려면 절차에 따라 엄격하게 제사를 모셔야 하고, 그 일은 자신들만이 할 수 있다고 주장했어.

　브라만의 지위는 점점 높아졌고, 브라만들은 모든 특권을 누리며 다른 계급들을 차별했단다. 특히 가장 낮은 계급인 수드라는 힘들고, 보잘것없는 일만 하면서 힘겹게 살아야 했어. 시간이 흐를수록 브라만, 크샤트리아, 바이샤, 수드라 네 계급 사이의 차이는 점점 심해졌고, 불만과 비판의 목소리도 높아졌지.

우파니샤드*
스승과 제자가 가까이 앉아서 전하는 신비한 가르침'이라는 뜻이다. 우파니샤드의 가르침은 긴 시간에 걸쳐 여러 사람의 손으로 정리되었는데, 브라만교가 지나치게 절차와 제사를 중요하게 생각하는 것에 반대하고, 명상과 수행을 강조하는 내용을 많이 담고 있다.

그러면서 사람들 가운데 깊은 숲 속에 들어가 제자들과 함께 사람과 신, 우주의 관계 등에 대해 토론하고, 신에 대한 찬가를 담은 『베다』를 좀 더 깊이 공부하여 생각하려는 사람들도 생겼어. 이들은 브라만들이 제사의 형식과 절차만 따지는 것에 대해 비판했어. 그리고 우주와 개인이 하나이기 때문에 브라만을 통하지 않더라도 스스로 노력하면 누구나 완전한 자유를 얻을 수 있다며 여러 가지 주장을 펼쳤지. 이들의 주장은 나중에 『우파니샤드』*로 정리되어 불교나 힌두 교에 큰 영향을 미쳤단다.

예를 들면, 불교나 힌두 교 모두 환생과 윤회를 중요하게 다루고 있어. 환생과 윤회가 무엇이냐고? 환생은 죽은 후 다시 태어난다는 것이고, 윤회란 그렇게 죽고 태어나는 것이 수레바퀴 돌듯이 계속 반복된다는 것이야. 이런 환생과 윤회에 대한 생각 역시 『우파니샤드』에 담겨 있단다.

한편 『우파니샤드』 운동이 활발하게 일어나는 동안, 불교가 나타났어. 불교를 만든 싯다르타는 젊은 시절에 인간의 고통을 보고, 어떻게 하면 인간이 그 고통에서 벗어날 수 있을까에 대해 오랫동안 고민했어. 그러다가 마침내 깨달은 사람, 즉 부처가 되었지. 그 뒤 부처는 인도 여러 나라를 돌아다니며 사람들에게 자신의 깨달음을 전했어. 그리고 카스트나 남녀 구별 없이 모두 자신의 제자로 받아들였지.

부처가 제자들에게 가장 강조한 것은 욕심과 이기심을 버리라는 것이었단다.

"사람은 이기적인 욕망 때문에 불행해진다. 욕망을 버려라. 힘, 돈, 쾌락 등을 좇느라 욕심이 생기고, 그러면서 고통에 빠져든다. 고통을 없애려면 우선 욕심과 이기심을 버려라."

이게 무슨 뜻일까? 너는 친구가 갖고 있는 물건이 탐날 때나 1등을 하고 싶지만 마음대로 되지 않을 때 어떤 기분이 드니? 슬프거나 화가 난다고? 맞아, 부처는 슬픔이나 화가 생기는 까닭이 바로 욕심을 내기 때문이라고 했어. 그러니까 욕심을 내지 않으면 불행하지도 않고, 고통스럽지도 않다는 말이지. 그럼 욕심과 이기심에서 벗어나려면 어떻게 해야 할까? 부처는 중도에 힘쓰라고 가르쳤어.

"중도란 한쪽으로 치우치지 않는 바른 도리다. 쾌락을 너무 많이 추구하거나 걱정을 너무 많이 하는 것을 삼가고, 그 중간에서 생각하고 행동하라. 이렇게 살면 모든 고통이 사라지고, 마침내 거듭 태어나는 윤회의 굴레에서 벗어날 수 있을 것이다."

또 부처는 신을 숭배하거나, 신에게 도움을 청하지 말라고 가르쳤어. 왜냐하면 인간의 고통은 신이 내린 것이 아니라, 인간 스스로 만든 것이라고 보았기 때문이지.

부처가 죽은 뒤 그를 따르던 제자들은 부처의 가르침을 널리 퍼뜨리기 위해 노력했어. 불교에서는 특히 폭력을 반대하고 생명을 귀하게 여겨서, 아주 작은 벌레도 함부로 죽이면 안 된다고 말해. 이런 정신은 인도에서 시작된 또 다른 종교인 힌두교에서도 마찬가지로 강조하는 것이란다. 그러니까 비폭력은 어떤 종교를 믿건 인도 사람들이 공통적으로 중요시하는 거야.

보리수 나무 아래에서 명상에 빠진 싯다르타를 새긴 조각이다.

클릭! 역사 속으로
싯다르타와 불교

　싯다르타는 기원전 5~6세기 무렵 지금의 네팔 남부에 있는 작은 왕국의 왕자로 태어났어. 싯다르타는 열여섯 살에 결혼하여 아들도 하나 두고 부족할 것이 없는 생활을 누렸지만, 행복하지 않았단다.

　스물아홉 살이 된 싯다르타는 어느 날 궁궐 밖으로 나들이를 나갔다가 지팡이를 짚고 간신히 걸어가는 한 노인을 보았어. 다음에 나들이를 갔을 때는 병들어 몸을 제대로 가누지 못하는 사람을 보았지. 그리고 그 다음에는 장례식 행렬과 마주쳤어.

　궁궐 밖에서 노인과 병자, 장례 행렬을 만난 뒤로 싯다르타는 깊은 생각에 잠겼어.

　'인간은 왜 고통스러운 걸까? 어떻게 하면 인간이 고통으로부터 벗어날 수 있을까?'

　그리고 마침내 큰 결심을 하기에 이르렀단다. 깨달음을 얻기 위한 여행을 시작하기로 한 거야. 싯다르타는 출가한 뒤로 갠지스 강변의 선인 두 명을 찾아가 배우기도 했지만, 답을 얻지는 못했어. 그 뒤로 부다가야라는 지역의 산림에서 고행을 시작했지. 싯다르타가 얼마나 몸을 혹사시켰는지, 음식을 거의 먹지 않아서 뱃가죽이 등뼈에 붙을 정도였대.

　그런데 그렇게 6년이 흘러도 깨달음을 얻을 수는 없었어. 대신 '이런 몸으로는 깨달음을 얻을 수 없다. 중도를 가야겠다.'라는 생각을 하기에 이르렀지. 싯다르타는 고행을 그만두고 산림에서 나왔어. 마을 소녀가 주는 우유죽을 받아 먹고 기운을 차린 싯다르타는 보리수 밑에서 다시 사색에 잠겼지. 그리고 마침내 깨달음에 이르렀어.

　싯다르타는 자기가 얻은 깨달음을 사람들에게 전하기 시작했어. 그 뒤로 싯다르타가 세상을 뜰 때까지 가르침은 45년 동안이나 계속되었단다. 그리고 싯다르타의 가르침이 곧 불교의 교리가 되었어.

지중해 폴리스의 발전

지금까지 러시아 남쪽에 살던 민족들이 전차를 타고, 철제 무기를 들고 서아시아, 이집트, 인도를 침략해 땅을 넓히고 거대한 왕국을 세운 과정을 살펴보았어. 그러면 이 무렵 지중해 연안 지역은 어땠을까? 이 지역 역시 철제 무기로 무장한 도리아 사람들의 침략을 받았어.

도리아 사람들은 당시 그리스와 지중해 일대에 이미 정착해 살고 있던 다른 부족들을 내몰고 그 자리를 차지했지. 그리고 크고 작은 도시를 세웠어. 그런데 다른 지역과는 달리 이 지역에는 거대한 왕국이 세워진 게 아니라, 작은 폴리스가 수백 개 생겼어. 왜 그렇게 달랐는지, 이제부터 살펴볼까?

| 그리스에서 폴리스가 발달하다 |

기원전 1200년 무렵, 도리아 사람들이 갑작스럽게 그리스로 침입해 왔어. 그들은 지금의 러시아 남쪽에 살던 유목 민족인데, 철제 무기와 전차로 무장하고 쳐들어왔지. 당시 번영을 누리고 있던 미케네와 여러 도시는 파괴되고, 약탈에 시달렸지. 그리고 도시 문명을 누리던 원주민들은 도리아 사람들을 피해 그리스 남쪽 여기저기로 흩어졌어. 그래서 기원전 1200년 무렵부터 기원전 750년 무렵까지를 그리스의 암흑기라고 해. 수백 년 동안 암흑기를 지내면서, 발전된 문명을 자랑하던 여러 도시는 대부분 사라져 버렸지.

그런데 기원전 800년 무렵에 새로운 변화가 생겼어. 도리아 사람들을 피해 그리스 남쪽으로 흩어졌던 사람들이 해안에서 멀지 않은 평야 지대에 자리를 잡았고, 그곳에 작은 마을을 만들었지. 초기에는 전사들이 중심이 되어 회의를 통해 마을을 다스렸어. 하지만 서아시아나 인도에서 보았던 것과 같은 통치 기구는 아직 없었단다. 그리고 외적으로부터 생명과 재산을 보호하기 위해 사람들이 힘을 합쳐 높은 언덕 위에 성이나 요새를 쌓았는데, 이런 곳을 '아크로폴리스'라고 불렀어. 아크로폴리스에는 신전을 세우고, 그 주위에는 높은 성벽을 쌓았지. 전쟁이 일어나면 사람들은 아크로폴리스로 몸을 피했단다.

도리아 사람들도 파괴와 약탈을 멈추고 정착 생활을 하기 시작했어. 이들이 주로 정착한 곳은 예전 미케네가 있던 펠로폰네소스 반도였지. 도리아 사람들은 손에 칼 대신 철로 만든 쟁기와 괭이를 들고 돌무더기 땅을 갈아 농사를 지었어. 그러면서 크고 작은 마을이 생겼지. 도리아 사람들도 마을 주변에 성이나 요새를 쌓았고, 전사들이 마을을 다스렸지.

이렇게 그리스 여기저기에 만들어진 마을들은 점점 커지더니 폴리스로 발전했어. 기원전 750년 무렵까지 그리스에는 수백 개의 폴리스가 세워졌단다.

아테네의 아크로폴리스이다. 높은 언덕 위에 세워진 아크로폴리스는 원래 외적의 침입을 막기 위해 쌓은 성이나 요새였다.

그 가운데 손에 꼽힐 만큼 큰 폴리스가 바로 아테네와 스파르타야. 아테네는 도리아 사람들을 피해 그리스 남쪽으로 피했던 원주민들이 세운 폴리스고, 스파르타는 도리아 사람들이 세운 폴리스지.

폴리스마다 땅의 크기도, 인구수도, 다스리는 방법도 제각각이었어. 하지만 외적의 침입이 잦았던 만큼, 초기에는 아무래도 싸움을 잘하는 사람 중심으로 뭉칠 수밖에 없었어. 그래서 초기 폴리스들의 왕은 대부분 전사 출신이었지. 그러다가 점차 땅을 많이 가진 귀족들의 힘이 커지면서 왕을 내쫓고 권력을 잡았단다.

폴리스가 등장하고 100여 년의 시간이 흐르는 동안 그리스의 혼란은 점차 진정되고, 인구도 늘었어. 그런데 문제가 생겼지.

에게 해[*]
지중해 동쪽의 그리스 주변 바다를 가리키는 말이다. 그리스 사람들은 이 바다의 연안을 생활 무대로 삼았고, 크레타 섬을 중심으로 고대 문명이 꽃을 피우기도 했다.

상품을 싣고 바다를 항해하는 그리스의 배를 그린 도자기와 전투하는 병사를 그린 접시이다.

많은 인구에 비해 땅이 크게 부족해진 거야. 그리스는 전체 땅의 반 이상이 산이고, 고작 5분의 1 정도만 평야야. 그래서 사람들이 농사를 지을 땅과 식량이 늘 부족했지. 바다를 끼고 있으니 물고기를 잡아먹으면 될 것 아니냐고? 그래, 그 말도 맞지만 물고기만으로 먹고 살 수는 없잖아.

말을 탄 그리스 병사 청동 조각상이다.

이런 까닭에 폴리스들은에게 해* 주변을 돌아다니면서 식민지를 만들기 시작했어. 시간이 지날수록 식민지가 늘어나서 나중에는 지중해 주변 거의 모든 지역에 그리스의 식민 도시가 생겼지. 오늘날의 이스탄불, 나폴리, 마르세유, 모나코 등이 모두 그리스의 식민 도시였단다.

이와 함께 교역도 활발해졌어. 그리스 상인들은 무장한 배의 호위를 받으며 식민지에서 식량과 목재, 쇠붙이 등을 들여오고, 그리스에서 나는 올리브, 포도주 등을 가져다 팔았어. 이렇게 교역이 활발해지자, 상업과 물건 만드는 기술도 크게 발전했지.

| 정치 체제가 변화하다 |

한 사회의 경제가 변하면, 정치도 따라서 변하게 마련이란다. 폴리스들의 경우도 마찬가지였어. 상공업이 발전하고 교역이 활발해져 폴리스들이 부유해지자, 정치 제도에도 변화의 바람이 불기 시작했단다. 어떤 변화냐고? 평민들의 목소리가 커지고, 귀족들의 힘이 약해지면서 그리스 민주주의가 본격적으로 발전하기 시작한 것이지.

앞에서 이야기했듯 그리스 폴리스들의 귀족들은 일찌감치 왕을 몰아내고 귀족들 중심의 정치를 했어. 이들은 넓은 땅을 갖고 있어서 매우 부유했지. 그래서 전쟁이 일어나면 자기 돈으로 비싼 갑옷이나 방패 등을 사서 무장하고 나가 도시를 지켰단다. 그랬으니 어느 누구도 귀족들에게 쉽게 대들지 못했어.

그런데 시간이 지나면서 상황이 조금씩 바뀌었단다. 우선 상

아테네의 아크로폴리스 아래에 만들어진 아고라이다. 아고라는 사람들이 모이는 장소라는 뜻을 갖고 있다. 폴리스의 시민들은 하루의 대부분을 아고라에 모여 정치와 사상 등을 토론했다.

업과 교역으로 돈을 많이 번 상인들이 늘었어. 게다가 철기를 만드는 기술이 발달해 창이나 방패를 대량으로 만들 수 있게 되었고, 그만큼 무기 가격이 싸졌어. 그러자 농사를 짓는 평민들도 창, 방패 등을 갖추고 전쟁에 참여할 수 있게 되었단다.

이렇게 되자 상인과 평민들은 자신들도 정치에 참여해야 한다고 한목소리로 외치기 시작했어. 전쟁이 일어나면 자신들도 나가서 싸우니까, 나라를 다스리는 데도 자신들의 의견이 반영되어야 마땅하다는 거였지.

상인과 평민들은 힘을 합쳐 귀족에게 맞섰어. 그들은 자신들의 의견을 반영해 줄 사람을 지도자로 내세웠는데, 그 지도자를 참주라고 불렀어. 그러니까 참주는 상인과 평민들의 대표자였던 거지. 그런데 참주들 가운데 자신의 권력을 이용해 독재를 하는 사람들이 생기고, 자신의 명령을 따르지 않는 사람을 감옥에 가두는 폭군도 있었어.

결국 상인과 평민들은 못된 참주를 몰아내고 시민들이 나라를 다스리는 민주주의 체제를 만들었어. 시민들은 대표자들의 회의인 민회*를 만들어서 재판도 하고, 도시의 모든 정책을 결정했지. 민주주의 체제를 만든 대표적인 폴리스가 바로 아테네야. 반면 예외적으로 오늘날의 독재 정치와 비슷한 군국주의* 정치를 발전시킨 폴리스도 있었는데, 바로 스파르타였단다.

먼저 아테네를 살펴볼까? 아테네는 지하자원이 풍부하고 항구가 발달해서, 일찍부터 상업이 활발하게 이루어졌어. 게다가 도시 중간 계급인 상인과 평민들 가운데 부유한 사람이 많았지. 이들은 자신들에게도 정치에 참여할 수 있는 권리를 달라고 목소리를 높이며 귀족들을 압박했단다. 마침내 기원전 594년, 귀족 출신인 솔론이 민주주의적 개혁을 이루어 냈어. 중간 계급은 물론 하층 계급까지 민회를 통해 정치에 참여할 수 있는 길이 열린 거야. 뒤에 등장한 정치가, 페리클레스는 그것을 바탕으로 아

민회*
그리스에서 일반 평민들이 구성한 회의를 말한다. 아테네에서 민주 정치가 발달했을 때 나라 일을 결정하는 가장 영향력 있는 의사 결정 기관이었다. 민회에는 어느 정도 재산을 가진 남자 시민은 모두 참가할 수 있었다.

군국주의*
국가 운영에 있어 군사력을 중요하게 생각하고, 정치·문화·교육 등 국민들의 모든 생활 분야에 군대식의 엄격한 통제를 앞세우는 사상을 말한다.

테네에 민주주의의 꽃을 활짝 피웠단다.

그런데 아테네의 민주주의는 지금의 민주주의와는 많이 달라. 먼저 정치에 참여할 수 있는 사람은 어느 정도 재산을 가진 남자 시민들뿐이었어. 노예나 여성들, 가난한 시민들은 정치에 참여할 수 없었지. 또 아테네의 민주주의는 직접 민주주의란다. 오늘날은 시민들이 뽑은 대표들이 국가의 일을 결정하는 간접 민주주의야. 하지만 아테네에서는 시민들이 직접 민회나 재판정에 나가서 정치적 의사를 표현하고, 권리를 행사했지.

한편, 스파르타는 아테네와 전혀 다른 조건에서 정치 제도를 발전시켰어. 도리아 사람들이 세운 스파르타는 기원전 9세기 이후에 기름진 땅이 있는 메세니아 평원을 정복하고 원주민들을 다스렸어. 그런데 기원전 7세기에 메세니아 사람들이 반란을 일으켰단다. 반란은 진압되었지만, 이 사건으로 깜짝 놀란 스파르타 지도자들은 어디서든 반란이 일어나지 못하도록 사람들을 엄격하게 통제했단다. 다른 지역과의 교류도 막고, 사람들에게는 엄격한 규율을 지키라고 명령했어. 즉, 시민들을 군대 조직처럼 통제하는 방식으로 나라를 다스린 거야.

이렇게 아테네와 스파르타는 정치 체제가 매우 달랐어. 그래서 그랬는지 둘은 사이가 그리 좋지 않았단다. 서아시아의 페르시아 제국이 그리스의 폴리스들을 위협했을 때는 서로 힘을 합치기도 했지만, 대부분은 경쟁하고 다투며 지냈어. 이 이야기는 4장에서 더 보자꾸나.

| 예술과 철학이 발달하다 |

그리스 신화를 읽어 봤니? 거기에는 제우스, 헤라, 아폴로, 포세이돈 등 수많은 신들이 나온단다. 그리스 사람들은 이 수많은 신들이 저마다 다른 일을 맡았다고

생각했어. 어떤 신은 전쟁을, 어떤 신은 농사를, 어떤 신은 음악을 맡았다고 말이야. 또 신도 감정이 있어서 사람처럼 화도 내고, 미워도 하고, 사랑도 한다고 생각했지. 사람들이 잘못을 저지르면 신이 화가 나서 벌을 준다고 믿었어. 그럼 신이 화가 났다는 것을 어떻게 알까? 큰불이 나거나, 홍수가 나거나, 전쟁에서 지면 그것이 바로 신이 화난 증거라고 생각했지. 그래서 신이 노여워하지 않도록 제사도 많이 지냈단다.

그리스 사람들은 신에게 제사를 지낼 때면 축제를 열었단다. 축제에서는 신에게 음악과 춤, 시를 바쳤는데, 나중에는 연극도 하고, 스포츠 경기도 열었어. 특히 4년에 한 번씩 제우스 신전에서 열린 스포츠 경기에는 그리스의 모든 폴리스에서 선수들이 참가해 원반던지기, 창던지기, 레슬링 등을 하며 실력을 겨루었지. 이때는 전쟁도 멈추었고, 경기가 끝나면 황소를 잡아 신들의 우두머리인 제우스에게 바쳤단다. 오늘날 4년에 한 번씩 올림픽 경기를 여는 것은 그리스 사람들의 전통을 이어받아, 전쟁이 멈추고 평화가 찾아오기를 바라는 의미란다.

이렇게 축제를 즐기다 보니 그리스에서는 연극이나 스포츠, 음악 등의 예술이 발전했어. 신의 모습을 조각하거나 그리는 일도 많았는데, 그러는 과정에서 아름다운 건축물과 조각품도 많이 탄생했지. 고대 그리스 사람들이 후대에 남긴 것 가운데 또 한 가지 빼놓을 수 없는 게 바로 철학이야. 전쟁이 없는 평화로

그리스 신 가운데 아테네 여신의 동상이다. 지혜와 전쟁의 신으로 알려져 있다.

운 시기에 그리스의 평민들은 대광장이나 시장에 모여들었어. 그들은 정치에 참여하거나, 우주와 인간의 본질, 정치 문제 등을 놓고 토론을 벌였어. 이것은 그리스에서 철학이 발달하는 밑거름이 되었단다.

기원전 6세기 이래로 그리스 철학자들은 우주는 무엇으로 구성되어 있는지, 자연을 움직이는 힘은 무엇인지를 두고 답을 얻으려고 노력했어. 그래서 어떤 사람은 세상이 물로 구성되어 있다고 주장하고, 어떤 사람은 수로 세상의 모든 이치를 설명할 수 있다고 주장하고, 어떤 사람은 세상은 작은 원자로 이루어져 있다고 주장했지. 이처럼 우주와 자연의 이치를 알아내려고 노력한 철학자들을 '자연철학자'라고 불러.

그리스 철학을 꽃피운 여러 철학자들이다. 그리스 사람들에게 철학은 '지혜를 사랑하는 것'을 의미한다. 그리스 철학자들은 우주와 자연의 이치뿐만 아니라 인간의 문제에 대해서도 깊이 고민했다.

세상은 물로 이루어져 있다고 주장한 탈레스 초상이다.

절대적인 진리의 기준이 있다고 주장한 소크라테스 조각이다.

원자론을 주장한 데모크리토스 조각이다.

아테네의 문학가로 유명한 소포클레스 조각이다.

수로 세상의 이치를 밝히려고 한 피타고라스 조각이다.

소크라테스의 제자인 플라톤 조각이다.

한편 이들과 달리 인간 사회의 문제에 좀 더 관심이 많은 철학자들도 있었어. 기원전 5세기 중반, 아테네에서 민주주의가 절정기에 이르렀을 때 소피스트라는 철학자 무리들은 인간 사회의 문제에 관심을 많이 가졌어. 소피스트는 우주에 대한 논의에서 그치지 않고, 윤리, 정치와 같이 인간적인 문제에 관심을 가졌다는 점에서 중요한 역할을 했지.

　소피스트 철학자인 프로타고라스는 '인간은 만물의 척도'라는 말을 남겼단다. 이것은 진리나 선, 아름다움, 정의 등이 모두 인간의 필요와 이익에 연관되어 있다는 뜻이야. 프로타고라스는 영원히 변하지 않는 진리는 없고, 정의로움을 판단할 수 있는 변하지 않는 기준도 없다고 주장했지. 진리와 정의를 판단할 수 있는 도덕이나 윤리적 기준이 시간과 장소에 따라 달라진다는 거야.

　한편, 진리의 상대성을 주장하는 소피스트들을 비판한 철학자들도 있어. 그들은 변하지 않는 절대적 진리가 있으며, 정의를 판단하는 절대적 기준이 있다고 주장했지. 바로 소크라테스, 플라톤*, 아리스토텔레스*야. 소크라테스는 인간이 정의의 원리를 발견할 수 있다고 생각했어. 그러니까 시간이나 장소에 얽매이지 않는, 변하지 않는 진리와 정의가 있고, 인간이 올바른 방법으로 찾으려 한다면 그것을 발견할 수 있다는 거야.

　그리스의 예술과 철학은 지금까지도 전 세계에 걸쳐 큰 영향을 끼치고 있는데, 그리스에서 이처럼 예술과 철학이 발달할 수 있었던 데에는 사람들의 생활이 풍요로워진 것이 바탕이 되었단다.

플라톤*
소크라테스의 제자로, 영원히 변하지 않는 진리를 찾기 위해 노력했다. 그의 주장을 모아서 정리한 『대화편』이라는 책이 전해지고 있다.

아리스토텔레스*
플라톤의 제자이다. 플라톤이 영원히 변하지 않는 진리를 찾기 위해 노력한 반면에 아리스토텔레스는 인간에게 좀 더 친숙한 문제들을 풀기 위해 노력했다. 그의 관심은 철학뿐만 아니라 예술, 과학 모든 분야에 걸쳐 있어 여러 권의 책을 남겼다.

● 클릭! 역사 속으로
솔론과 아테네의 민주 정치

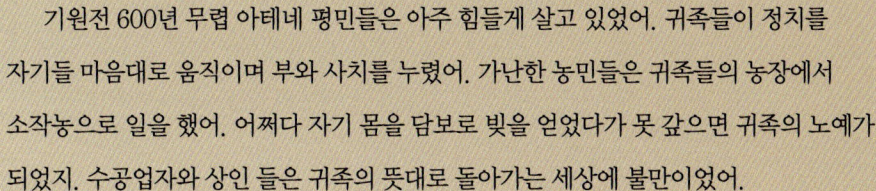

　기원전 600년 무렵 아테네 평민들은 아주 힘들게 살고 있었어. 귀족들이 정치를 자기들 마음대로 움직이며 부와 사치를 누렸어. 가난한 농민들은 귀족들의 농장에서 소작농으로 일을 했어. 어쩌다 자기 몸을 담보로 빚을 얻었다가 못 갚으면 귀족의 노예가 되었지. 수공업자와 상인 들은 귀족의 뜻대로 돌아가는 세상에 불만이었어.

　아테네 평민들은 모이기만 하면 수군댔어.

　"솔론이 우리를 위해 개혁을 할 거야."

　"맞아. 살라미스 섬을 되찾도록 우리에게 용기를 준 것도 솔론이잖아."

　아테네 사람들은 솔론이 모든 계급을 만족시킬 만한 해결책을 내놓으리라 기대하며 그에게 의지했어. 그래서 솔론은 기원전 594년 무렵에 1년 임기의 최고 통치자가 되었고, 그 뒤로도 아테네의 정치에서 큰 역할을 담당했어.

　솔론이 내놓은 개혁 정책은 크게 세 가지야. 먼저 솔론은 경제 문제를 해결하기 위해 빚 때문에 땅을 빼앗긴 사람들에게 땅을 전부 되돌려주고, 노예가 된 시민들을 모두 해방시키라는 포고령을 내렸어. 그리고 정치적으로는 귀족만 권력을 독차지하는 것을 막고, 대신 부유한 시민이 나라를 다스릴 수 있는 제도를 만들었지. 이는 민주 정치의 밑바탕이 되었어. 마지막으로 솔론은 법을 바꾸었어. 그때까지 아테네에는 무척 엄한 내용의 드라코 법이 통하고 있었어. 솔론은 법을 고쳐 훨씬 너그러운 내용으로 만들었지.

　솔론은 이와 같은 개혁을 이끌어서 평민들의 지지를 많이 받았고, 아테네에 민주주의를 시작한 지도자로 기억되고 있단다.

주나라와 춘추 전국 시대

중국 황허 강 유역에서 발달한 상나라는 주나라에게 멸망당했어. 그리고 주나라는 유목 민족의 침입을 받아 여러 나라로 분열되었지. 그렇게 중국이 분열되었던 시기를 춘추 전국 시대라고 해.

이 시기 중국 땅에는 여러 나라가 나타나서 정치, 경제, 군사적인 면에서 경쟁을 벌였어. 그래서인지 이렇게 어지러운 시기를 거치는 동안 정치, 사회, 윤리 사상은 오히려 크게 발전했단다. 지금까지도 사람들에게 중요한 영향을 미치고 있는 유가, 도가, 법가 등이 바로 그것이야. 지금부터 주나라와 춘추 전국 시대에 대해 살펴보자꾸나.

| 주나라가 하늘의 뜻을 따라 상나라를 무너뜨리다 |

기원전 1066년에 상나라는 주나라에게 망했단다. 전해 오는 기록을 보면, 상나라 말기에 왕이 나라를 돌보지 않아서 나라가 어지러워졌대. 그 좋은 기회를 주변 다른 나라 사람들이 놓칠 리 없었지. 이들은 상나라로 쳐들어와 약탈을 일삼았어. 상나라 백성들은 살기 힘들어지자 자신들을 지켜 주지 못하는 왕을 원망했어. 그러던 참에 주나라의 무왕이 군대를 일으켜 상나라를 무너뜨렸지. 무왕은 나라를 세우며 이렇게 주장했단다.

"상나라 왕은 정치를 잘못해서 하늘의 노여움을 샀다. 그래서 하늘이 나에게 새로운 나라를 만들라고 명령을 내렸다!"

상나라를 무너뜨리고 새 나라를 세운 것은 하늘의 뜻, 즉 천명이라는 거야. 백성을 편안하게 돌보아야 할 왕이 사납고 악하게 정치를 하면 하늘은 불길한 징조를 보내고, 자연재해를 일으켜 하늘의 뜻을 거슬렀음을 알린대. 그런데 왕이 이 경고를 알아채지 못하면, 하늘은 새로운 사람을 왕으로 선택한다는 거지. 그 뒤 주나라에서는 천명을 받은 사람만이 나라를 다스릴 수 있고, 천명은 자손에게도 이어지기 때문에, 왕의 자손들이 왕위를 이어야 한다는 생각이 뿌리내렸단다. 그리고 주나라의 왕들은 하늘의 뜻을 받들기 위해 어떻게 하면 백성을 편안하게 살 수 있도록 할 것인가를 고민했단다. 그렇게 해서 '봉건 제도'와 '정전법'을 실시하게 되었지.

봉건 제도는 친족 제도를 바탕으로 이루어졌어. 주나라 왕들은 수도인 호경 주변만 남기고, 나머지 땅을 가까운 친척과 공을 세운 신하들에게 나누어 주었어. 땅을 받은 친척과 신하들을 '제후'라 부르고, 제후들이 다스리는 나라를 '국'이라고 불렀는데, 제후들은 왕에게 세금을 바치고, 반란이나 전쟁이 일어나면 군사를 보내 왕을 보호했지. 정전법은 토지 제도야. 가로세로 400미터 정도의 정사각형 땅을 아홉 등분해서, 둘레에 있는 여덟 개 구역은 여덟 집이 하나씩 맡아 경작하고, 남은 가운데 구역은 공동으로 경작해서 나라에 바치도록 한 제도이지. 정전법은 백성들의 생활을 안정시키고, 나라의 수익도 올리기 위한 제도였어.

주 무왕이 백성들의 형편을 살피기 위해 마차를 타고 돌아다니는 모습을 그린 그림이다.

문자가 새겨진 주나라 화폐이다. 주나라의 경제가 발전하면서 화폐도 사용되었다.

춘추 전국 시대[*]
동주시대 전반기는 춘추 시대라고 부르고 후반기는 전국 시대라고 부른다. 기원전 770년에서 기원전 403년까지 동주시대 전반기는 공자의 『춘추』라는 책에서 다루고 있고, 기원전 403년에서 진이 중국을 통일하는 기원전 221년까지 후반부는 『전국책』에 쓰여 있기 때문이다.

봉건 제도와 정전법의 실시로 주나라에는 왕을 꼭대기에 둔 피라미드 형태의 신분 질서가 자리 잡게 되었어. 주나라의 왕은 '천자'라고 불리며, 수도에서 하늘에 제사를 올리는 특권을 가졌지. 그 밑에 제후들이 있었는데, 제후들은 가까운 조상들뿐 아니라 자기 땅의 시조에게 이와 비슷한 제사를 올렸어. 기원전 800년쯤에는 제후가 200여 명에 이르렀다고 해.

그런데 시간이 흐를수록, 제후와 주나라 왕실 사이에서는 자신들이 서로 혈연으로 이어진 친척이라는 생각이 약해졌어. 그러다 보니 제후들은 점점 왕실의 통치에서 벗어나 독립적으로 자기 지역을 다스리게 되었지. 이렇게 해서 주나라가 갈라지기 시작한 거야. 게다가 북쪽과 서쪽에서 유목민들까지 쳐들어와 주나라는 더욱 흔들렸지.

분열되었던 주나라는 결국 기원전 770년 무렵에 북쪽의 유목민에게 침략당해서 수도를 호경에서 뤄양으로 옮겼어. 뤄양이 동쪽에 있었기 때문에 이때부터를 '동주 시대'라고 부르고, 그 이전은 '서주 시대'라고 불러. 동주 시대에 접어들자 주나라에서는 여러 개의 작은 나라들이 서로 경쟁하고, 동맹을 맺기도 하면서 끊임없이 전쟁을 벌였단다. 그 시대를 '춘추 시대'라고 불러.

| 춘추 전국 시대,[*] 여러 나라가 서로 경쟁하다 |

동주 시대에 제후들은 저마다 힘을 키워 중앙의 왕을 무시하고 자기 땅을 다스렸어. 동주의 왕은 여전히 하늘에 제사를 올리

는 특권을 지니고 있었지만, 오히려 군사력은 다른 제후들보다 약했기 때문에 권위가 땅으로 떨어졌지.

힘센 제후들은 다른 민족의 침략으로부터 주나라 왕실을 보호한다는 구실을 내걸고, 왕실을 대신해 다른 제후국의 우두머리 행세를 했지. 그런데 힘센 제후들이 왜 굳이 왕을 보호한다는 구실을 댔을까? 주나라에서는 하늘의 뜻을 받은 이가 왕이 된다는 천명사상을 강조했다는 것, 기억하니? 그래서 제후들은 감히 왕을 함부로 대하거나 죽일 수 없었어. 왕이 제후들과 하늘을 이어 주는 역할을 한다고 생각했으니까. 그런데 그 뒤로 주나라 사람들이 오랑캐라고 여겨 온 초, 오, 월 같은 나라들이 힘을 키워 우두머리 행세를 하자, 그 명분도 사라졌지. 힘만 강하면 아무나 우두머리 자리를 차지할 수 있는 것처럼 보였거든.

강한 제후들은 군사를 일으켜 약한 나라들을 제압하고, 점점 세력을 넓혀 갔어. 제후의 신하들 가운데에도 스스로 힘을 키워 제후가 되거나, 섬기던 제후를 몰아내고 자기가 제후 자리에 앉는 경우가 있었지. 바야흐로 힘센 사람만이 살아남는 시대가 된 거야.

그러다가 기원전 403년부터 전국 시대가 시작되었어. 제후들은 더 이상 주나라 왕실의 권위를 인정하지 않고, 스스로 왕이 되었지. 그리고 나머지 나라들을 정복해 천자가 될 생각을 했어. 그 때문에 전쟁이 끊일 날이 없었단다.

각 나라의 왕들은 다른 나라와의 경쟁에서 살아남기 위해서는, 자신의 나라를 부유하게 만들고 군사의 힘을 키우는 것이 중요하다고 생각했어. 그래서 저마다 전쟁 기술과 무기 개발에 힘을 기울였지.

그런데 전쟁을 치르자면 일단 병사가 많아야 유리할 것 아냐? 병사뿐만 아니라 적의 공격을 막는 방어벽을 쌓는 일에도 많은 사람이 필요했지. 그리고 그런 일을 하려면 돈이 많이 필요했단다. 그래서 왕들은 인구와 세금을 늘릴 수 있는 방법을 궁리했어. 세금을 많이 걷으려면 먼저 농사와 상업이 잘돼야 하지.

그래서 왕들은 새로운 농토를 만들고 관개 시설을 갖추어 농사 발전을 꾀했어. 또 다른 지역과 교역을 해서 경제가 발전할 수 있도록 상인들을 돕기도 했지.

전국 시대의 왕들은 한편으로 신하들이 반란을 일으키지는 않을까 하는 것도 신경을 써야 했어. 앞에서 신하가 힘이 커지면 제후를 몰아내는 일이 있었다고 했잖아. 그래서 왕은 직접 지방까지 다스릴 수 있는 통치 체제를 만들려고 노력했어.

그 결과 봉건제 대신 왕이 여러 지역에 관리를 보내 직접 다스리는 군현제가 등장하게 되었지. 그러면서 왕은 신분이나 출신 지역을 따지지 않고 능력 있는 사람을 인재로 뽑기 시작했단다. 이러한 개혁은 전국 시대 모든 나라에서 이루어졌는데, 그들이 모두 개혁에 성공한 것은 아니었어. 한때 매우 힘이 강했던 제나라는 세력이 너무 커진 귀족들 때문에 제대로 개혁을 이루지 못했고, 결국 힘이 약해지고 말았단다.

그런데 서쪽 변두리에 있던 진나라는 상앙이라는 재상이 앞장서서 여러 개혁 정책을 펼치고, 왕 중심의 통치 체제를 만들었어. 상앙은 먼저 농민들에게 똑같은 넓이의 땅을 나누어 주고 농사를 짓게 했어. 그런 다음 농민들이 먹고사는 데 필요한 만큼만 빼고 거의 모든 곡식을 세금으로 걷었지. 또 철제 농기구나 소금처럼 백성들에게 꼭 필요한 물건을 국가가 직접 만들어 파는 방법으로 나라의 재정을 늘리기도 했단다. 그리고 법에 따라 공을 세운 사람에게는 상을 내리고, 법을 어긴 자는 엄격하게 처벌했어. 공을 세우면 신분과 관계없이 높은 자리에 오를 수도 있었지.

이것은 사람들로 하여금 공을 세우려고 노력하게 만들고, 실력을 쌓도록 부추기는 효과를 가져왔어. 이렇게 나라의 힘을 키운 진나라는 다른 나라들을 하나, 둘 정복하면서 중국에 통일 제국을 건설하게 되었단다.

수백 가지 사상이 쏟아지다

앞에서 보았듯이 춘추 전국 시대에는 수많은 나라가 세워졌다 무너졌어. 그러는 통에 전쟁은 일상적인 일이 되어 버렸지. 그런데 세상이 어지럽고 힘들 때는 오히려 생각이 깊어지게 마련이란다. 춘추 전국 시대의 사람들도 마찬가지였어. 사람들의 생각이 깊어지고, 철학도 깊어진 가운데 위대한 사상가들이 많이 나왔지. 이들 가운데 공자, 맹자, 순자 같은 '유가', 노자나 장자 같은 '도가', 한비자나 상앙 같은 '법가' 들이 유명해.

공자는 세상이 어지러운 것이 제후들이 주나라를 섬기는 '예'를 잃었기 때문이라고 생각했어. 그래서 왕이나 귀족, 백성들이 서로가 서로에게 예를 지키면, 세상에 질서가 잡히고 사회가 안정될 거라고 주장했지. 그러려면 사람들은 어떤 마음을 가져야 할까? 공자는 이렇게 말했어.

맹자의 초상화이다. 왕은 백성들의 마음을 잘 헤아려 나라를 다스려야 한다고 주장했다.

"통치자는 덕으로 백성을 아끼고 보살펴야 하며, 신하는 왕에게 충성을 다해야 한다. 부모는 자식을 사랑으로 보살피고, 자식은 부모에게 효도하며, 남성과 여성은 서로 존중하고, 친구와 친구는 서로 신의를 지켜야 한다."

공자와 비슷한 시기에 살았던 유명한 사상가 가운데 노자가 있어. 공자가 도덕과 예를 강조할 때, 노자는 자연을 눈여겨보았어. 노자는 사회적 관계 역시 자연의 일부라고 보고, 자연과 인간의 관계에 대해 자기 생각을 펼쳤단다.

"인간이 자연의 질서를 어지럽혀서 세상이 복잡하다. 자연을 있는 그대로 받아들이고, 무엇이든 인위적으로 바꾸려 하지 말아야 한다."

인간이 어떤 목적을 가지고 행동을 하는 것은 자연의 이치를 거슬러 오히려 역효과가 나니까, 욕심을 버리고 그냥 자연 상태에서 자연과 조화를 이루며 살아야 한다는 게 노자의 주장이야.

맹자는 공자가 죽고 100년쯤 지난 뒤에 태어났어. 맹자는 공자의 가르침을 계승해서 통치자가 어떻게 나라를 다스려야 하며, 어떻게 백성을 편안하게 만들어야 하는가를 중요하게 생각했어.

"왕이 통치를 제대로 못하면 하늘이 노여워해서 백성들이 저항을 한다. 그러면 결국 천명이 다른 사람에게 넘어갈 것이다."

맹자는 왕이 천명을 잘 받들어야 하는데, 그 천명은 민심, 즉 백성들의 마음이라고 이야기한 거지.

순자 역시 공자의 뜻을 이어받으려 애쓴 사람이란다. 그런데 순자는 무엇보다 '예'를 강조했어. 의식과 예의를 잘 지켜야 사람들이 의무를 다하게 되고 바르게 행동하게 된다는 거야. 예를 들어, 인사를 잘하

공자의 초상화이다. 예와 덕을 통해 혼란한 세상의 질서를 바로잡기 위해 노력했다.

순자의 초상화이다. 사람들에게 예의를 잘 가르쳐야 한다고 주장했다.

말을 탄 노자의 초상화이다. 자연의 질서를 거스르지 않는 것이 중요하다고 주장했다.

춘추전국시대의 사상가들이다. 사상가들은 어지러운 세상을 올바로 이끌 수 있는 방법에 대해 여러 가지 의견을 내놓았다.

도록 예의를 가르치면, 사람들은 예의를 지키면서 서로 존중하게 된다는 거지.

이처럼 맹자와 순자는 모두 공자의 가르침을 이어받으려고 노력했지만 두 사람의 생각은 조금 달랐단다. 그래서 "사람은 본래 악한 마음을 지니고 태어날까, 아니면 선한 마음을 지니고 태어날까?"라는 물음에 대해, 두 사람은 각각 다르게 대답했지. 먼저 맹자는 이렇게 이야기했어.

"아이가 물에 빠진 것을 보면 누구나 놀라고 걱정하며, 본능적으로 도와주려고 한다. 이는 인간 본성이 원래 착하다는 것을 보여 주는 것이다."

반면에 순자는 사람이란 유혹에 쉽게 흔들리는 약한 존재라고 보았어.

"사람들은 배고프면 배불리 먹기를 바라고, 힘들면 쉬려고 한다. 그러므로 배가 고프더라도 아들이 아버지에게, 또는 형이 동생에게 양보하도록 예의와 도덕을 가르쳐야 한다."

한편, 한비자는 도덕으로 나라를 다스릴 수 있다는 공자와 맹자의 의견에 반대하고, 법으로 다스려야 한다고 주장했어. 법과 금지 사항을 명확하게 만들고 법에 따라 상과 벌을 내리면 관료와 일반 백성을 쉽게 다스릴 수 있고, 따라서 나라가 부강해진다고 이야기했지.

이들 말고도 수없이 많은 사상가가 저마다 자기의 철학을 이야기했지. 이들을 가리켜 제자백가*라고 부르는데, 제자백가의 사상은 그 뒤로도 아주 오랫동안 중국과 주변 나라들에게 큰 영향을 미쳤어.

제자백가*
제자란 여러 학자들이란 뜻이고, 백가란 수많은 집단들을 뜻한다. 곧 수많은 학파와 학자들이 자유롭게 자신의 사상과 학문을 펼쳤던 것을 나타낸다. 제자백가 중에서 유가, 도가, 법가를 포함해 묵가, 음양가, 병가 등이 대표적이다.

클릭! 역사 돋보기
공자와 유교

어느 날 공자가 수레를 타고 제자들과 길을 가고 있었어. 그런데 어디선가 여인의 울음소리가 들려왔지. 공자는 제자인 자로에게 무슨 일인지 알아보고 오라고 시켰어.

"무슨 일로 그리 슬피 울고 계십니까?"

"저는 이 근처에 살고 있는데 얼마 전에 호랑이가 나타나 시아버지를 물어 가더니, 그 다음에는 남편을 물어 갔습니다. 그리고 제 아들마저 물어 가고 말았습니다. 너무 슬퍼서 이렇게 울고 있습니다."

"그렇게 끔찍한 일을 당하고서 왜 이곳을 떠나지 않고 있습니까?"

"여기에는 세금을 뜯어 가는 나쁜 관리가 없기 때문입니다."

이 이야기를 전해 들은 공자는 제자들에게 이렇게 말했단다.

"명심해라. 백성을 힘들게 하는 정치가 사나운 호랑이보다 더 무섭다는 것을!"

공자는 기원전 551년에 태어나 기원전 479년에 세상을 떠난 춘추 시대의 사상가란다. 춘추 시대는 중국이 여러 나라로 갈라져 경쟁하던 시기였고, 늘 전쟁이 끊이지 않았어. 그래서 백성은 힘겹게 살아야 했지만, 정치가들은 권력에만 관심이 있었지. 공자는 사회가 혼란스러운 것이 주나라의 예법이 무너졌기 때문이라고 생각했어. 그래서 "예가 아니면 보지 말고, 예가 아니면 듣지 말며, 예가 아니면 말하지 말고, 예가 아니면 나아가지 말라."라고 말하며 예를 강조했단다.

공자는 여러 나라를 떠돌아다니며 자신이 생각하는 이상적인 정치를 펼칠 왕을 찾았지만, 끝내 그 뜻을 이루지 못했어. 공자는 3,000명이 넘는 제자를 두었는데, 공자와 그의 제자들이 주고받은 이야기가 『논어』라는 책에 실려 있어. 공자의 사상은 중국뿐 아니라 우리나라, 일본, 베트남 등에도 전해져 많은 영향을 끼쳤단다.

아메리카에서 탄생한 문명

아시아와 아프리카, 유럽 대륙에서 문명이 발전을 거듭하고 있는 동안, 아메리카 대륙에서는 무슨 일이 있었을까? 신석기 시대가 시작되기 전에 아시아에서 얼어붙은 바다를 건너 아메리카 대륙으로 간 사람들이 있었어. 이들은 남쪽으로 이동하는 동안 아메리카 여기저기에 자리를 잡았고, 기원전 5000년 무렵부터 문명의 싹을 틔우기 시작했단다.

아메리카에서 문명이 꽃핀 대표적인 지역은 오늘날의 멕시코가 있는 유카탄 반도 지역과 페루가 있는 안데스 지역이야. 아메리카의 문명은 다른 대륙의 문명과 교류 없이 발전했어. 그래서 아주 독특한 색깔을 갖고 있지. 이제 다른 대륙의 문명과 어떻게 다른지 알아보자꾸나.

| 아시아 사람들이 아메리카로 건너가다 |

아프리카에서 탄생한 인류가 좀 더 살기 좋은 곳을 찾아 유럽과 아시아 등으로 퍼져 나갔다고 했던 것 기억하니? 그렇게 시작한 인류의 긴 여행은 아메리카까지 이어졌단다.

아메리카 원주민들을 보면 생김새와 피부색이 아시아 사람들과 닮지 않았니? 그래서 어떤 학자들은 4만 년 전에, 또 어떤 학자들은 2만 년 전에 아시아에 살던 사람들이 아메리카로 이주하기 시작했을 거라고 주장한단다. 그럼, 아시아 사람들은 어떻게 그 먼 곳까지 가게 되었을까?

학자들은 바다가 얼음으로 뒤덮인 빙하기에 사람들이 베링 해를 건너 아메리카로 갈 수 있었을 거라고 말해. 그런데 빙하기는 1만 2000년 전~1만 년 전 사이에 끝났으니까, 아마도 그 뒤로

얼어붙은 바다를 건너 아시아에서 아메리카로 건너가는 사람들 모습이다. 이들은 북쪽에서 남쪽까지 이동을 했는데, 도중에 여기저기로 흩어져 자리를 잡았다.

기원전 만 년쯤에 사람들은 메머드와 들소 같은 커다란 동물을 사냥하며 살았다.

기원전 7000년쯤에 사람들은 해안 근처에서 물고기를 잡고, 열매를 따 먹으며 살았다.

기원전 5000년쯤에 옥수수 농사를 시작했다. 그러면서 마을이 생겼다.

는 적어도 걸어서는 베링 해를 건널 수 없었을 거야. 배를 타면 될 것 아니냐고? 그렇지만 그 정도로 배 만드는 기술이 발달하기까지는 수천 년을 더 기다려야 했어.

베링 해의 빙하를 건넌 사람들은 좀 더 따뜻하고, 좀 더 먹을 것이 많은 곳을 찾겠다는 희망을 가득 안고 아메리카에 닿았지. 사람의 발길이 닿지 않았던 아메리카에는 순록, 들소를 비롯해 사냥할 수 있는 동물들이 많았단다. 사람들은 사냥한 동물의 가죽으로 천막이나 옷을 만들고, 뼈와 뿔로는 도구를 만들어 이용했단다. 채집과 사냥을 하면서 사람들은 서서히 남쪽으로 옮겨 갔어. 그러다가 기원진 1만 3000년 무렵에 남아메리카 대륙 끝까지 내려갔단다.

아메리카에서 농경이 시작된 것은 기원전 5000년 무렵이야. 이때부터 사람들은 오늘날의 멕시코 부근에서 야생 옥수수를 재배하면서 마을을 이루어 살기 시작했어. 얼마 뒤에는 콩, 아보카도, 고추 따위도 길렀단다. 콩과 옥수수는 아메리카 사람들의 주요 곡물로, 우리나라로 치면 보리나 쌀과 같은 역할을 했지. 사람들이 농사를 짓기 시작하면서 인구가 빠르게 늘고, 마을도 커졌어. 이제 아메리카에도 문명이 싹틀 수 있는 조건이 갖춰진 거야.

| 아메리카에서 여러 문명이 일어나다 |

1860년의 어느 날, 멕시코 남동부 해안 지역에서 한 농부가 들일을 하다가 어마어마하게 큰 돌 조각품을 하나 발견했어. 그 조각은 두툼한 입술, 납작한 코, 타원형 눈을 하고, 머리에는 헬멧 비슷한 것을 쓰고 있었어. 고고학자들은 여태껏 이런 조각품을 본 적이 없었기에 어리둥절했지.

그 전까지 고고학자들은 아메리카에서는 문명이 발달하지 못했고, 멕시코 지역에서 번영을 누렸던 마야나 잉카 문명 이전에는 문명다운 문명이 없었다고 생각했어. 그런데 발굴을 시작하자 조각상, 궁궐터, 피라미드 등 수많은 유물과 유적이 하나하나 나왔단다. 올멕 문명이 세상에 드러나는 순간이었어. 올멕은 기원전 1200년~기원전 400년 사이에 멕시코 만 근처에서 번영했던 나라야. 그 지역은 상당히 덥고 습한 열대 우림 지역이라, 나무가 하늘을 뒤덮어 해가 보이지 않을 지경이지. 어떻게 이런 곳에서 사람이 살 수 있을까 하는 생각이 들 정도로 자연 환경이 좋지 않단다.

서로 껴안고 있는 올멕 남녀 인물 토기이다.

하지만 이 지역에는 사람에게 반드시 필요한 소금이 많이 났어. 또 도구를 만들 수 있는 나무나 돌, 고무, 진흙 따위도 많았지. 물이 풍부해서 관개 시설만 잘 만들면 농사짓기도 매우 좋았단다. 올멕 사람들은 이곳에서 농사를 시작하고 문화를 발전시켜 나갔어.

아쉽게도 남아 있는 기록이 없어서, 올멕의 문화를 자세히 알기는 힘들단다. 다만 몇 가지를 추측할 뿐이지. 예를 들어 올멕에서 만든 물건들이 멀리 떨어진 곳에서도 발견되었는데, 이게 무엇을 뜻하는 걸까? 맞아, 올멕 사람들이 다른 지역 사람들과 교역했다는 것을 알 수 있어. 그런가 하면 올멕 사람들이 만든 조각 가운데 반은 재규어이고, 반은 인간인 신의 상이 많이 발견되는 것으로 보아 그들이 재규어를 숭배했다는 것을

올멕 사람들이 만든 거대한 인물 머리 동상이다.

짐작할 수 있지. 주변에서 볼 수 있는 동물 가운데 재규어가 가장 강하고 빠른 데다가, 또 가장 두려워서 그랬던 것은 아닐까?

한편, 지금의 멕시코시티 근처에서도 매우

테오티와칸 유적지에서 발굴한 사람 얼굴을 한 가면이다.

테오티와칸의 태양의 신전이다. 이집트의 피라미드처럼 생긴 이 신전은 그 규모가 엄청나 테오티와칸에 많은 사람을 동원할 수 있는 강력한 정치 세력이 있었을 것이라는 짐작을 하게 한다.

발전된 문명이 발견되었단다. 바로 테오티와칸이라는 도시로, 20만 명이 넘는 인구가 살았을 것으로 짐작되지. 이 정도면 일찍부터 문명이 발달한 고대 메소포타미아나 이집트의 어느 도시보다 큰 규모란다.

이 도시에는 이집트에 견줄 만한 커다란 신전이 있었는데, 흙으로 만든 피라미드 위에 세워졌어. 재미있지 않니? 어떻게 이집트와 비슷한 피라미드가 멀리 떨어진 이 땅에서도 만들어졌을까? 혹시 이 시기에 이집트나 북아프리카 사람들이 배를 타고 중앙아메리카로 건너간 것은 아닐까?

테오티와칸 사람들이 지은 신전은 그 규모가 대단했어. 그래서 이곳에는 많은 사람을 동원할 수 있을 만큼 힘센 국가가 있었을 거라고 추측할 수 있지. 그러면 신관이 있었을 테고, 또 귀족과 평민 등으로 계급도 나뉘어 있었을 거야.

신전과 궁궐의 벽에는 비의 신, 깃털을 단 뱀 신, 옥수수의 여신, 물의 여신 등이 그려져 있단다. 그러니까 테오티와칸 사람들은 비, 물, 바람, 땅 등과 같은 자연의 신을 숭배했고, 그들의 주식이었던 옥수수를 맡아 보는 신을 받들기도 했던 거란다. 테오티와칸 사람들이 믿은 신들은 훗날 마야를 거쳐 아스텍 문명으로 전해졌어. 16세기에 에스파냐가 이 지역에 들어올 때까지도 많은 아메리카 사람이 그 신들을 숭배했지.

한편 테오티와칸을 중심으로 주변 지역과 교류가 이루어지기도 했어. 주위의 농경 지대에서 키운 농작물이 들어오고, 테오티와칸에서 만들어진 도자기나 귀금속은 주변 지역으로 퍼져 나갔단다. 주변 지역과 전쟁을 벌인 흔적이 없는 것으로 보아, 테오티와칸은 그 당시 일대에서 가장 힘센 도시였고, 오랫동안 평화롭게 살았다는 것을 추측할 수 있어.

300년에서 900년 사이에 테오티와칸이 번영을 누리고 있을 때, 멕시코 남부와 중앙아메리카에서는 마야가 서서히 성장하고 있었어. 이후 마야 문명*은 테오티와칸의 앞선 문화를 받아들여서 더욱 발전하게 된단다.

올멕, 테오티와칸 문명이 꽃핀 멕시코 지역과 함께 아메리카의 대표적인 문명 지역이 있어. 바로 남아메리카의 안데스 지역이야. 이 지역에서도 기원전 6000년 무렵부터 농경이 시작되어, 기원전 1000년 무렵에는 나스카 문명, 차빈 문명을 비롯해 여러 문명이 발전했지. 안데스 문명은 발전을 거듭했고, 15세기 무렵에 아메리카에서 가장 큰 영토를 자랑한 잉카 제국으로 전해져 큰 영향을 끼쳤단다.

마야 문명*
기원 전후부터 16세기까지 번성한 아메리카의 고대 문명이다. 250년쯤 마야 사람들은 멕시코 남부와 과테말라를 중심으로 여러 도시 국가를 세우고 몇 세기 동안 번영을 누렸다. 테오티와칸 문명의 영향을 받아 천문학, 건축 기술, 미술 등이 발달했다.

클릭! 역사 속으로
뱀의 신, 케찰코아틀

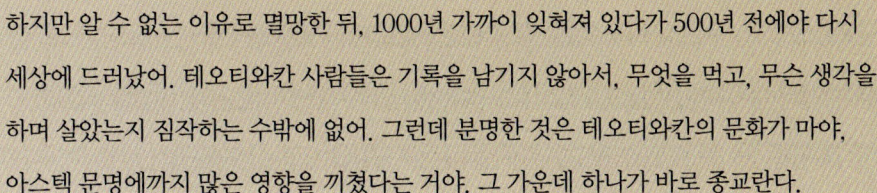

테오티와칸은 아주 커다란 피라미드를 남길 정도로 번성했던 문명이란다. 하지만 알 수 없는 이유로 멸망한 뒤, 1000년 가까이 잊혀져 있다가 500년 전에야 다시 세상에 드러났어. 테오티와칸 사람들은 기록을 남기지 않아서, 무엇을 먹고, 무슨 생각을 하며 살았는지 짐작하는 수밖에 없어. 그런데 분명한 것은 테오티와칸의 문화가 마야, 아스텍 문명에까지 많은 영향을 끼쳤다는 거야. 그 가운데 하나가 바로 종교란다.

테오티와칸 유적지에는 신전이 여럿 있고, 신의 조각도 곳곳에서 만날 수 있어. 사람들은 주위에서 자주 볼 수 있고, 남다른 힘이 있는 동물들을 받들게 마련인데, 테오티와칸 사람들에게 그런 동물은 바로 재규어, 독수리, 뱀 등이었지.

그 가운데 깃털 달린 뱀 신, 케찰코아틀은 중앙아메리카 사람들의 대표적인 신이야. 케찰코아틀은 땅의 권력을 상징하는 뱀과 하늘의 권위를 나타내는 깃털이 합해진 모습의 신이었어. 케찰코아틀에 대한 신화는 아주 많아. 그 가운데 아스텍 문명 사람들이 전하는 신화는 케찰코아틀이 세상에서 없어진 사람들을 되살려냈다고 해. 케찰코아틀은 위험한 지하 세계로 여행을 해 죽은 사람의 뼈를 가져와 가루로 만들었어. 그러고는 다른 신들과 함께 뼛가루에 피를 떨어뜨려 생명을 불어 넣었어.

아스텍 사람들은 케찰코아틀이 옥수수를 키우고 베 짜는 법, 깃털로 옷을 만드는 방법, 시간을 계산하는 방법을 가르쳐 주었다고 해. 그래서 중요한 신으로 높이 받들었단다.

인구가 쑥쑥, 문명이 성큼

인류 문명이 시작된 메소포타미아, 이집트, 인도, 동아시아 지역에서는 기원전 2000년 쯤부터 기원전 500년 사이에 새로운 정치 체제와 제도, 사상과 종교, 기술 등 여러 분야에서 문명이 크게 발전했어. 문명이 발전하게 된 데에는 여러 가지 이유가 있어. 그 가운데 하나로 인구가 빠른 속도로 크게 늘어난 것을 꼽을 수 있지. 문명의 발전과 인구 증가가 무슨

1. 인구는 왜 늘어났을까?

1) 소나 말 같은 동물을 농사짓는 일과 짐을 나르는 일에 널리 이용하면서 적은 힘으로도 더 많은 땅을 일구어 농사지을 수 있었다.

2) 철제 농기구가 퍼졌고, 더 알이 굵고 열매가 많은 농작물로 개량을 하다 보니 거두는 곡식의 양이 늘었다. 먹을거리가 충분해지자 사람들은 아이를 더 많이 낳았다.

3) 많은 사람이 모여 살면 전염병이 돌기도 하지만, 한번 전염병을 겪고 나면 면역력이 커져 사람들이 오히려 건강해졌다. 예전보다 죽는 사람이 줄어드면서 인구가 크게 늘었다.

기원전 2000년 무렵: 약 2700만 명

2. 인구가 늘면서 어떤 변화가 있었을까?

살 곳과 농사지을 땅이 모자라 전쟁이 자주 일어났다. 히타이트와 아시리아에서도, 춘추 전국 시대를 맞은 중국에서도, 그리스에서도 크고 작은 전쟁이 있었다.

집을 짓고 땔감을 만드느라 나무를 베고 자연을 파괴했다. 특히 문명이 발달한 서아시아와 그리스, 이집트, 중국, 인도 같은 곳에서 자연이 많이 훼손되었다.

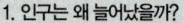

관련이 있냐고? 우선 인구가 크게 늘면 먼저 먹을 것이 부족해지지. 그러면 곡식을 더 많이 거두기 위해 새로운 방법을 고민해야 돼. 또 여러 가지 기술도 새로 개발해야 하지. 사람이 늘어난 만큼 다툼도 많아지니 법과 제도도 다듬어야 하고 말이야. 그 밖에도 여러 사람의 생각을 하나로 모아 줄 종교나 사상도 필요해. 이렇게 해서 문명이 성큼 발전하게 된 거야. 그런데 인구가 갑작스럽게 줄어들 때도 경제가 쇠퇴하거나, 노동력이 부족해지면서 문명의 발전 속도에 영향이 생기기도 한단다.

기원전 1000년 무렵 : 약 5000만 명

기원전 500년 무렵 : 약 1억 명

도시가 커져 인구 3만 명이 넘는 도시가 20개를 넘었다. 그리고 더 많은 지식과 기술이 전수되고 쌓여서, 학문과 종교가 발달했다. 그래서 제자백가, 그리스 철학, 조로아스터 교 같은 새로운 종교와 사상이 나타났다.

고대 제국의 번영

기원전 600년 ~ 기원후 200년

기원전 600년에서 기원전 100년 사이에 서아시아, 지중해, 인도, 동아시아 등 각 지역에서는 거대한 제국들이 건설되었단다. 큰 제국을 세우려면 무엇보다 왕이나 장군의 지도력이 뛰어나야 해. 생각해 보렴. 우리나라의 수십 배가 넘는 큰 영토 안에서 말과 종교, 생활 방식이 제각각인 다양한 민족들이 살고 있었을 것 아냐?

그들을 하나로 모으려면 무엇보다 먼저 뛰어난 지도력이 있어야 하겠지. 그리고 거기에 더 필요한 것이 있어. 새로운 통치 제도와 문화가 뒷받침되어야 하지. 이전과 같은 통치 제도와 문화로는 제국을 운영하는 것이 어려웠을테니까.

4장에서는 거대한 제국의 이야기를 할 거야. 제국이 건설되는 과정에서 승리의 즐거움을 맛본 사람이 있는가 하면, 패배의 아픔을 느낀 사람도 있어. 또 거대한 제국 안에서 풍요롭게 산 사람이 있는가 하면, 힘겹게 산 사람도 있지. 그들을 생각하면서 거대한 제국이 어떻게 세워지고 발전해 갔는지 살펴보자꾸나.

새로운 제국의 등장

서아시아에 새로운 제국이 나타났어. 바로 이란 족이 세운 페르시아 제국이야. 이란 족은 히타이트와 인도의 아리아, 그리스의 도리아 사람들처럼 러시아 남쪽에서 이주해 왔지. 처음에 작은 나라에 불과했던 페르시아는 기원전 550년에 왕의 지위에 오른 키루스 왕이 그로부터 20년도 안 되는 짧은 기간에 누구도 넘보지 못할 커다란 제국으로 탈바꿈시켰단다.

그 뒤로 페르시아 제국은 강력한 힘을 자랑하며, 새로운 통치 제도와 문화를 꽃피웠지. 그런데 그런 페르시아 제국을 무릎 꿇린 젊은이가 있었으니, 그가 바로 그리스의 알렉산드로스 왕이야.

그럼 지금부터 서아시아와 지중해에 건설되었던 제국들과 그들이 만든 문화를 함께 살펴볼까?

페르시아가 서아시아 최대의 제국으로 발전하다

아시리아는 강력한 군대와 새로운 무기를 앞세워 메소포타미아 지역을 통일하고 큰 세력을 떨쳤어. 그러나 기원전 7세기 초, 네부카드네자르 왕이 이끄는 신바빌로니아 왕국에게 무너지고 말았지. 하지만 신바빌로니아 왕국 역시 채 100년도 안 되어 기원전 539년에 페르시아 제국의 키루스 왕에게 멸망당했단다.

키루스 왕은 평소에 예언처럼 이런 말을 했다고 해.

"단 한 차례의 전투도 없이, 아무런 저항도 없이 신바빌로니아 왕국이 무너질 것이다."

그런데 정말 놀랍게도 그 말처럼 되었어. 키루스 왕은 신바빌로니아에 잡혀 있던 유대 인 포로와, 신바빌로니아 왕국의 왕에게 반감을 가지고 있던 사람들을 자기편으로 만들었어. 그리고 그들이 신바빌로니아를 페르시아에게 넘겨주었단다. 그랬으니 싸울 필요가 없었던 거지.

키루스 왕은 예전에 메소포타미아의 나라들이 차지했던 땅보다 훨씬 넓은 땅을 차지했어. 동쪽으로는 인더스 강, 서쪽으로는 아나톨리아 고원에 이르는 거대한 영토였지.

페르시아 제국이 짧은 기간 동안 이처럼 크고 강력한 나라가 된 까닭은 정복한 곳의 사람들에게 너그러운 정책을 펼쳤기 때문이란다. 키루스 왕은 전쟁에서 승리하더라도 군사들이 함부로 사람을 해치거나 재물을 빼앗지 못하게 했어. 또 그곳 사람들의 관습과 종교도 존중해서, 정복한 지역의 신전을 파괴하기는커녕 그 신전에 가서 기도를 했대. 그 덕분에 사람들의 저항도 적었고, 쉽게 그들의 협조를 얻을 수 있었어. 실제로 신바빌로니아 왕국의 포로들 가운데는 키루스 왕을 그들의 구원자로 여기고, 키루스 왕이 신바빌로니아 왕국을 정복하는 것을 도운 사람들도 있었단다.

페르시아 제국의 수도인 페르세폴리스의 유적이다. 서아시아와 이집트에 이르는 넓은 영토를 지배하여, 번영을 누린 페르시아 제국의 모습을 엿볼 수 있다.

하지만 키루스 왕이 죽은 뒤 페르시아 제국은 잠시 위기를 겪기도 했어. 키루스 왕의 아들이 정치를 잘못해 반란에 휩싸였기 때문이지. 이때 다리우스 1세가 반란을 진압하고 페르시아 제국의 왕이 되었어. 그는 정복 전쟁을 통해 이집트까지 손에 넣어 영토를 더욱 넓혔어. 그 결과 종교와 생활 방식, 언어와 관습이 각기 다른 다양한 사람들이 한 제국 안에서 함께 살게 되었지. 다리우스 1세는 제국이 분열하지 않고 오랫동안 통일을 유지할 수 있는 방법에 대해 고민했어.

다리우스 1세는 먼저 세금만 내면 서로 다른 생활 방식이나, 언어, 종교, 법 등은 그대로 존중해 주었어. 그러니까 사람들은 페르시아 제국의 지배를 받으면서도 생활에 큰 변화를 느끼지 못했고, 그만큼 페르시아 제국에 대해 거부감도 많이 갖지 않았지.

세계의 왕으로 군림했던 다리우스 1세의 조각이다.

다리우스 1세 시절 번영을 누린 페르시아 제국의 영토 그림이다.

다른 나라 사람들이 페르시아와 교역하기 위해 먼 길을 왔다.

각 지역의 소식을 전달하는 전령들은 왕의 길을 이용했다.

불을 숭배하는 조로아스터교는 다리우스 1세의 후원으로 제국 곳곳으로 퍼져 나갔다.

다리우스 1세가 제국의 모든 지역에서 바치는 공물을 받고 있다.

또 다리우스 1세는 제국을 스무 개의 지방으로 나누고, 각 지방에 왕이 임명한 행정관을 보내서 다스리게 했어.

"너희가 다스리는 곳에서 어떤 문제가 생기거나, 불만을 가진 사람이 생기면 곧바로 나에게 알리도록 하라."

행정관은 바로 왕의 눈과 귀인 셈이었지. 이때 왕의 명령을 전달하는 전령이 말을 타고 빠르게 달릴 수 있도록 길을 만들었는데, 그 길을 '왕의 길'이라고 불렀대.

다리우스 1세는 화폐도 통일했단다. 예전에는 지역마다 화폐가 달라서, 지역 간에 교역을 하는 게 쉽지 않았어. 화폐가 통일되자 교역이 쉬워졌고, 상업이 발달하여 그만큼 상인들이 제국에 내는 세금도 많아졌지. 교역은 지역과 지역을 잇는 역할을 해서, 제국의 통일을 유지하는 데도 도움이 되었어. 이 덕분에 다리우스 1세는 평화롭게 제국을 다스릴 수 있었단다.

그런데 다리우스 1세의 통합 정책이 통하지 않는 곳이 있었어. 바로 그리스의 폴리스들이었지. 다리우스 1세는 지중해 동쪽 지역을 정복한 뒤, 주변 그리스의 폴리스 사람들에게 많은 세금을 걷는가 하면, 자신의 군대에서 싸우라고 명령했어. 유달리 그리스 사람들에게 가혹했던 데에는 이유가 있단다. 그리스와 페르시아는 정치 체제가 달랐어. 그리스의 폴리스들은 평민이 정치에 참여하는 민주주의고, 페르시아는 왕이 모든 권력을 쥐고 다스리는 전제주의지. 이 차이 때문에 두 지역 사람들은 서로 사이가 안 좋았다고 해.

페르시아 제국에게 시달림을 당하던 그리스의 폴리스들은 아테네의 지원을 받아 반란을 일으켰어. 이를 괘씸하게 여긴 다리우스 1세는 대군을 이끌고 그리스로 쳐들어갔지. 하지만 가는 도중 폭풍우를 만나 함대가 파괴되는 바람에 그리스 정복에 성공하지 못했어. 다리우스 1세가 죽은 뒤 그의 아들인 크세르크세스 왕 역시 두 차례나 더 그리스에 쳐들어갔지만, 모두 실패했어.

결국 기원전 479년 무렵에 페르시아 사람들은 그리스에서 쫓겨나는 신세가 되고 말았어. 페르시아 제국은 서아시아의 지배권은 지켜 낼 수 있었지만, 지중해와 유럽으로 진출하려던 야망은 포기해야 했지.

그리스 폴리스의 시대가 끝나다

페르시아 제국과 싸울 때, 아테네와 여러 폴리스는 델로스 섬에서 동맹을 맺었어. 여기에 가입한 동맹국들은 배와 군대를 제공하거나 돈을 내고 힘을 모아 페르시아와 싸웠어. 그리고 페르시아 제국을 물리친 뒤에도 델로스 동맹을 해체하지 않고 그대로 유지했어. 페르시아 제국이 다시 침입해 올까 봐 두려웠기 때문이지.

그런데 시간이 흐르면서 델로스 동맹을 이끌던 아테네는 동맹을 엉뚱한 데에 이용하기 시작했어. 동맹국이 모아 놓은 돈을 멋대로 가져다가 자기네 신전을 웅장하게 꾸미는 데 쓰기도 하고, 항구를 새로 만드는 데 쓰기도 했단다. 게다가 다른 동맹국들을 속국으로 삼고, 세금

스파르타의 장군 동상이다. 강인한 스파르타 군인의 모습이 엿보인다.

을 요구하기도 했어. 속국에서 반란을 일으키면 무력으로 진압했지.

아테네가 이렇게 제멋대로 굴자, 스파르타는 더 이상 두고 볼 수 없었단다. 스파르타 왕은 아테네가 점점 강해져서 그리스 전체를 장악하지 않을까 걱정이 되었지. 그렇게 되면 스파르타가 지배하고 있던 주요 통상로를 아테네에게 빼앗기는 것은 물론, 스파르타마저 아테네의 속국이 되지 않을까 두려웠던 거야. 스파르타 왕은 다른 폴리스들과 손을 잡고 아테네에 반기를 들었단다. 그리스의 폴리스들은 스파르타 편과 아테네 편으로 갈라져서 싸웠지. 이 전쟁을 펠로폰네소스 전쟁이라고 해.

전쟁은 기원전 431년에서 기원전 404년까지 27년 동안 계속되었어. 그리고 마침내 스파르타의 승리로 끝을 맺었단다. 어떻게 스파르타가 아테네를 이길 수 있었을까? 우선 전염병이 5년 동안 아테네를 덮쳐서 스파르타를 도왔지. 전염병 때문에 아테네가 힘을 잃자, 스파르타는 아테네의 항구를 포위해서, 아테네로 들어오는 물자를 막았어. 먹을 것은 물론 전쟁 무기도 구할 수 없었기 때문에 아테네는 스파르타에게 항복할 수밖에 없었단다.

스파르타의 엄격한 교육도 승리에 중요한 역할을 했어. 스파르타의 남자들은 엄격한 규율에 따라 일곱 살부터 신체 훈련을 받는데, 훈련 중에는 제대로 먹지도 못했고, 날씨가 아무리 추워도 얇은 이불 한 장만 덮고 자야 했지. 또 잘못을 저지르면 아주 엄한 벌을 받았고, 아무리 고

창과 방패로 무장한 그리스 여신상이다. 전쟁이 잦았던 그리스에는 무장한 신들의 동상이 많다.

통스러워도 조용히 참도록 훈련을 받았어. 이렇게 엄격한 훈련을 받고 자랐기 때문에 스파르타 군사들은 전쟁터에서 누구보다 용감하게 싸웠단다.

그런데 펠로폰네소스 전쟁이 끝난 뒤에도 그리스에는 평화가 찾아오지 않았어. 이번에는 스파르타와 테베* 사이에 전쟁이 일어났거든. 이렇게 그리스의 폴리스들이 서로 싸우느라 정신이 없는 동안, 그리스 북쪽에 있던 마케도니아 왕국이 쳐들어와 그리스를 정복했단다.

마케도니아는 다른 그리스 폴리스들에 비해 문화 수준도 떨어지고 가난해서 미개한 나라라고 무시당하던 작은 나라였어. 하지만 필리포스 2세가 왕이 된 뒤로 하루가 다르게 힘이 커졌단다. 필리포스 2세는 그리스 폴리스들에게 힘을 합쳐 페르시아를 치자고 제안했지만, 그리스 폴리스들은 콧방귀도 안 뀌었어. 야만인이라고 여겨 온 마케도니아와 동맹을 맺는 것이 싫었던 거야. 그러자 필리포스 2세는 군사를 맹훈련시켜 그리스 폴리스들을 정복하기 시작했단다. 기원전 338년에 이르러서는 스파르타를 제외한 그리스 전체를 지배하게 되었지. 그리스의 폴리스 시대는 이렇게 막을 내렸어.

| 알렉산드로스 왕이 세계 제국을 꿈꾸다 |

자, 이제 그 유명한 알렉산드로스 왕이 등장할 차례야. 알렉산드로스는 스무 살의 나이에 필리포스 2세의 뒤를 이어 마케도

테베*
테베는 산으로 둘러싸여 외적의 침입을 막기에 알맞고, 농산물이 풍부해 경제적인 번영을 누렸다. 펠로폰네소스 전쟁 뒤에 아테네 편에 붙어 스파르타와 대립하였다. 기원전 371년에 스파르타를 무찌르고 한동안 그리스의 패권을 잡았으나 오래 이어가지는 못했다.

호메로스*
유럽 문학을 대표하는 「일리아스」와 「오디세이아」를 지었다고 알려져 있다. 「일리아스」는 트로이 전쟁을 다룬 것이고, 「오디세이아」는 트로이 전쟁에 참가했던 오디세우스의 모험을 다룬 것이다. 두 작품은 그리스와 로마 제국뿐만 아니라 유럽 문화에 큰 영향을 끼쳤다.

니아의 왕이 되었어.

그런데 알렉산드로스의 스승이 누구였는지 아니? 바로 그리스의 위대한 철학자 아리스토텔레스였어. 알렉산드로스는 아리스토텔레스로부터 그리스 어는 물론, 그리스의 과학, 철학, 문화 등에 대해 배우면서 그리스를 사랑하게 되었단다. 알렉산드로스는 그리스의 문화를 전 세계에 퍼뜨려야겠다고 생각했어. 그는 그리스의 호메로스*가 쓴 대서사시 「일리아스」를 읽고 나서 영웅이 되어 세계를 돌아다니겠다는 꿈을 키웠다고 해. 그런 알렉산드로스에게 그리스는 너무 작은 세상이었어.

알렉산드로스가 왕이 되고 난 뒤 가장 먼저 한 일은 그리스 폴리스들에서 일어난 반란을 진압하는 것이었어. 반란을 누른 다음 알렉산드로스는 페르시아로 눈을 돌렸어. 마케도니아에 대한 다른 그리스 폴리스들의 불만을 누그러뜨리기 위해서라도 페르시아 제국에 쳐들어가는 것이 좋겠다고 생각한 거야.

기원전 334년 봄, 알렉산드로스 왕은 마케도니아와 그리스 연합군을 이끌고 페르시아 원정길에 올랐어. 그가 이끄는 연합군은 거침없이 페르시아 군대를 물리치며 앞으로 나갔단다.

알렉산드로스 왕은 이소스에서 다리우스 3세가 이끄는 페르시아 제국의 60만 대군을 크게 물리쳤어. 그리고 이집트로 군대를 돌렸지. 당시 페르시아 제국의 지배를 받던 이집트 사람들은 알렉산드로스 왕을 구원자로 여겨 환영했단다. 그런 뒤 알렉산드로스 왕은 다시 서아시아로 가서 페르시아 제국의 군대와 맞닥뜨렸지. 알렉산드로스 왕은 또 한 번 큰 승리를 거두었어. 그 기세에 놀란 다리우스 3세는 제국의 3분의 1을 주겠다며 평화 협정을 제안했지. 하지만 알렉산드로스 왕은 그 제안을 단번에 거절했어. 페르시아 제국 전체를 차지하려는 야망을 갖고 있었으니, 그것으로 만족할 수 없었지. 알렉산드로스 왕은 마침내 페르시아 제국을 통째로 손아귀에 넣었지만 그의 꿈은 거기서 끝나지 않았단다. 알렉산드로스 왕은 중앙아시아의 산과 사막을 가로질러 3년 동안이나 더 동쪽으로 나아갔어.

드디어 기원전 326년에 알렉산드로스 왕이 이끄는 군대가 인도 서북부 지역에 이르렀어. 그곳에서 알렉산드로스 왕과 그의 부하들은 아주 힘든 싸움을 해야 했지. 당시 인도 서북부 지역을 다스리던 포루스 왕이 대규모 코끼리 부대를 이끌고 거세게 저항했거든. 알렉산드로스 왕과 그의 군사들은 커다란 코끼리를 처음 보고, 너무 놀라 우왕좌왕하다가 간신히 승리를 거두었지. 그 뒤로 알렉산드로스 왕은 더 동쪽으로 가기를 원했지만, 군사들의 강력한 반대에 부딪혔어.

알렉산드로스 왕의 승리와 업적을 기념하기 위해 만든 동전이다.

알렉산드로스 왕이 전쟁에 패해 달아나는 페르시아 제국의 다리우스 3세를 추격하고 있다.

알렉산드로스 왕은 페르시아의 지배를 받던 이집트를 해방시켰다.

알렉산드로스 왕은 페르시아 제국에게 그리스가 침략당한 복수로 페르시아의 수도인 페르세폴리스를 불태웠다.

그는 깊이 고민하다가, 결국 발길을 돌려 페르시아로 돌아왔단다.

알렉산드로스 왕은 가는 곳마다 승리를 거두었어. 그의 제국은 이집트에서 인도 서북부 일부를 아우를 만큼 거대했고, 그는 '세계의 정복자'로 이름을 떨쳤단다.

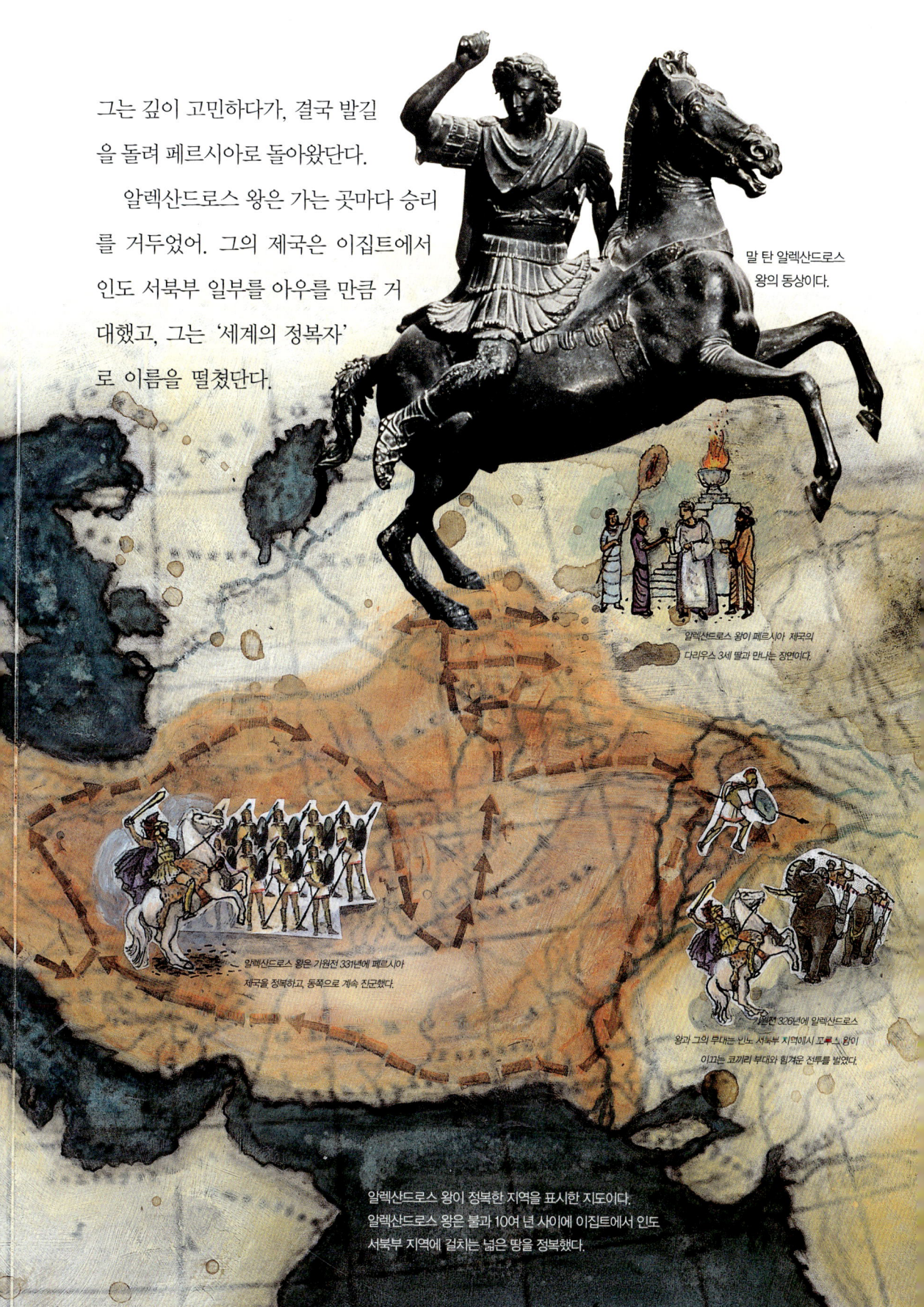

말 탄 알렉산드로스 왕의 동상이다.

알렉산드로스 왕이 페르시아 제국의 다리우스 3세 딸과 만나는 장면이다.

알렉산드로스 왕은 기원전 331년에 페르시아 제국을 정복하고, 동쪽으로 계속 진군했다.

기원전 326년에 알렉산드로스 왕과 그의 부대는 인도 서북부 지역에서 포루스 왕이 이끄는 코끼리 부대와 힘겨운 전투를 벌였다.

알렉산드로스 왕이 정복한 지역을 표시한 지도이다. 알렉산드로스 왕은 불과 10여 년 사이에 이집트에서 인도 서북부 지역에 걸치는 넓은 땅을 정복했다.

하지만 위대한 알렉산드로스 왕은 페르시아로 돌아온 지 1년 만에 열병으로 죽었어. 겨우 서른셋, 젊은 나이였지. 알렉산드로스 왕이 죽은 뒤 그가 세운 대제국은 얼마 가지 못했단다.

인도에서는 찬드라굽타 마우리아가 그리스 군대를 내쫓은 뒤 마우리아 왕국을 세웠고, 이집트와 그리스, 메소포타미아에도 각각 왕국이 들어섰어. 이 왕국들은 기원전 30년 무렵 이집트가 로마에 망하기 전까지 약 200여 년 동안 이어졌단다.

헬레니즘 문화가 발전하다

서양 문명의 역사에서 알렉산드로스 왕이 중요한 것은 그가 세운 대제국 때문이 아니야. 앞에서 이야기했듯이 그가 죽은 뒤, 그 큰 제국은 금방 허물어졌거든. 그러면 알렉산드로스 왕이 이룬 가장 큰 업적은 무엇일까? 그것은 바로 그가 세운 도시를 통해 퍼져 나간 새로운 문화란다.

알렉산드로스 왕은 정복 전쟁에 나서기 전에는 다른 지역도 그리스처럼 되길 바랐단다. 그래서 원정을 떠날 때마다 수천 명의 그리스 예술가, 상인, 관리 들을 함께 데리고 가서, 다른 지역 사람들에게 그리스 문화를 전하도록 했어.

헬레니즘 시대에 만들어진 승리의 여신상이다.

알렉산드로스 왕은 왜 그토록 그리스 문화를 다른 지역에 퍼뜨리려고 했던 걸까? 알렉산드로스 왕은 원정을 떠나기 전까지만 해도 그리스 민족만이 뛰어난 문화를 가졌고, 그 밖의 모든 민족은 문화도 모르는 야만족이라고 생각했어. 그래서 가는 곳마다 그리스 문화를 퍼뜨리기 위해 그리스와 비슷한 도시들을 건설했지. 그 도시들 가운데 일부는 자신의 이름을 따서 '알렉산드리아'라고 불렀단다.

그 도시들에서는 그리스 사람이 왕이 되었고, 그리스 사람들이 중요한 일을 했어. 또 그리스 도시들처럼 신전을 세우고, 아고라는 광장도 만들었지. 큰 극장을 세워 사람들이 그리스의 연극을 관람할 수 있게 했

서아시아에서 헬레니즘 문화의 영향으로 만들어진 조각상이다.

는가 하면, 도서관을 세워서 그리스의 철학과 과학, 예술 등을 전해 주었어. 알렉산드로스 왕은 이렇게 페르시아, 이집트, 인도에까지 그리스의 문화를 전파시키려 했단다.

알렉산드로스 왕이 세운 그리스식 도시 가운데 가장 큰 것이 이집트에 세워졌던 알렉산드리아야. 그는 여기에 커다란 도서관을 지었는데, 여러 나라에서 학자들이 찾아와서 공부했지. 그 덕분에 훗날 이곳에서는 과학과 수학이 아주 발전했단다. 유클리드는 기하학의 원리를 알아냈고, 프톨레마이오스는 행성을 연구해서 지구가 우주의 중심이라고 주장했지. 에라토스테네스는 지구가 둥글다고 생각했고, 태양이 만드는 그림자의 각도를 이용해서 지구의 둘레를 재기도 했어.

인도도 그리스 문화의 영향을 받았어. 대표적인 것이 바로 간다라 미술이란다. 원래 인도 사람들은 신들을 조각상으로 만들지 않았어. 그런데 그리스의 영향을 받은 뒤로는 그들도 자기네가 떠받드는 신들의 조각상을 만들기 시작했지. 그리스의

영향을 받다 보니, 조각상이 그리스 사람과 닮은 모습으로 만들어지기도 했단다. 특히 간다라 지방에서 만든 불상들은 그리스의 영향을 많이 받았는데, 간다라의 조각 양식은 훗날 불교가 중앙아시아, 중국, 우리나라로 전파될 때 같이 전해졌단다.

그런데 다른 문화를 계속 접하면서, 알렉산드로스 왕은 다른 문화에도 배울 점이 있고, 다른 민족들도 야만족만은 아니라는 사실을 깨달았어. 또 무조건 그리스의 문화만 강요하면 오히려 반발을 산다는 것도 알게 되었지. 그래서 그때부터는 각 지역의 문화를 존중하면서 그리스 문화와 혼합하려고 했어.

알렉산드로스 왕은 그리스식 도시에서는 그리스 어를 사용하게 했지만, 지방에서는 그 지역의 언어를 사용하도록 존중했단다. 또 본보기를 보이기 위해서 스스로 페르시아 제국의 공주와 결혼하기까지 했고, 페르시아의 옷을 입고 그들의 관습을 따르기도 했지. 그리고 부하들도 페르시아 여자들과 결혼하게 했단다. 그뿐만 아니라 그리스 사람과 다른 민족들을 동등하게 대우하고, 이민족이라도 능력 있는 사람은 군사로 뽑는 등 제국을 한데 어우러지게 만들려고 노력했어. 이렇게 해서 그리스 문화와 다른 지역 문화가 섞인 독특한 헬레니즘 문화*가 만들어졌단다.

헬레니즘 문화는 나중에 로마 제국을 거쳐 유럽에 전해졌고, 유럽의 문화 발달에 큰 영향을 끼쳤단다.

헬레니즘 문화*
헬레니즘 문화는 이전의 그리스 문화에 비해 사실적이고, 때로는 거칠고 격렬한 표현을 사용하였다. 그리고 육체의 운동과 정신의 격동 같은 인상적인 표현을 나타내기 좋아하였다. 그리고 화려하고 장식적인 것이 특징이다.

클릭! 역사 속으로
자라투스트라와 조로아스터 교

기원전 590년쯤, 오늘날의 이란 땅에 자라투스트라라는 사람이 살았어. 그는 아후라 마즈다라는 신을 믿으라고 외치고 다녔지.

"아후라 마즈다 신이 세상을 만들었습니다. 아후라 마즈다는 지혜로운 최고의 신이며, 생명의 신입니다. 아후라 마즈다는 우리가 죽은 뒤에 살아서 했던 말과 행동에 따라 상이나 벌을 내립니다."

이 무렵 메소포타미아 지역에는 전쟁이 끊이지 않았단다. 사람들은 언제 싸움이 벌어질지, 언제, 어떻게 죽을 지 알 수 없었어. 그러다 보니 '죽으면 어떻게 될까?' 하는 문제에 관심이 많았지. 사람들은 죽은 뒤의 세계에 대해 이야기하는 자라투스트라의 말에 귀가 솔깃해졌어. 그리고 아후라 마즈다를 믿으며 착하게 살면 죽은 뒤에 편하겠다는 생각도 들었어. 점차 자라투스트라를 따르는 사람이 늘었고, 나중에는 조로아스터 교가 만들어졌지. 조로아스터는 자라투스트라를 그리스식으로 부르는 이름이란다. 나중에 페르시아 제국을 다스린 다리우스 1세는 조로아스터 교를 힘껏 후원했는데, 그 덕분에 조로아스터 교는 인도나 이집트, 서아시아 곳곳으로 퍼져나갔어. 그러면서 여러 민족이 믿는 최초의 세계 종교가 되었단다.

한편 조로아스터 교에서는 자라투스트라가 죽은 뒤 3000년이 지나면 세상의 종말이 오고, 구세주가 나타난다고 말했어. 조로아스터 교의 이런 주장은 유대 교, 크리스트 교, 이슬람 교에서 말하는 사후 세계, 마지막 심판에 대한 얘기랑 비슷하단다. 그래서 학자들은 이 세 종교들의 교리에 조로아스터 교가 어느 정도 영향을 주었다고 생각한단다.

인도 문명의 황금시대

인도 하면 무슨 생각이 떠오르니? 혹시 헤아릴 수 없을 만큼 신들을 많이 모시는 종교의 나라로 생각하고 있지 않니? 물론 인도는 신의 나라, 종교의 나라로 불러도 전혀 어색하지 않을 만큼 모시는 신이 많고, 다양한 종교가 발달한 나라이기는 해. 하지만 이것은 인도의 한 모습만 본 것이란다. 인도는 종교나 철학뿐만 아니라 수학이나 천문학 같은 과학 분야에서도 높은 수준을 자랑했고, 일찍부터 대외 교역이 발달해서 물질적으로도 아주 풍요로운 생활을 누렸단다.

이제 고대 인도 사람들이 어떻게 높은 수준의 문명을 만들고, 다른 지역과 교류하며 발전했는지 한번 알아보자꾸나.

| 마우리아 제국이 인도를 통일하다 |

알렉산드로스 왕이 군대를 이끌고 인도까지 왔다가 돌아갔다는 것은 이미 이야기했지? 그는 인도를 떠나면서 인도 서북부 지역에 자신의 부하 장군과 군대를 남겨 두었어. 그 무렵 인도 동쪽에는 마가다 왕국이 주변 지역을 다스리고 있었지.

알렉산드로스 왕이 죽은 뒤 마가다 왕국의 전사였던 찬드라굽타 마우리아는 그리스 군대를 몰아낸 뒤, 마가다 왕국까지 무너뜨리고 새로운 나라를 세웠단다. 그리고 인도 북부 지역과 중부 지역까지 영토를 넓혔지. 이것이 바로 마우리아 제국이야.

페르시아 제국의 예에서 보았듯이, 영토가 넓은 나라를 다스리려면 발달된 통치 조직과 제도, 강력한 군대가 필요하단다. 그래야 왕의 명령이 나라 구석구석에까지 잘 전달되고, 왕의 뜻대로 나라를 다스릴 수 있거든. 그러지 않으면 왕의 힘이 미치지 못하는 지방에서는 반란이 일어나기 쉽고, 나라가 분열될 수 있지.

찬드라굽타 마우리아 왕은 먼저 중앙 정부를 세운 뒤, 중앙 정부의 명령에 따라 지방을 다스릴 수 있는 통치 조직을 마련했어. 그러고는 친척이나 믿을 수 있는 부하를 지방 관리로 보냈지. 지방 관리는 교역과 광산을 관리하고, 세금을 걷어 중앙에 보냈어.

찬드라굽타 마우리아 왕이 죽은 뒤 그 아들과 손자가 차례로 왕위를 이었어. 마우리아 제국의 3대 왕이 된 아소카 왕은 매우 강한 제국을 건설했단다. 그리고 찬드라굽타 마우리아 왕이 마련해 놓은 중앙 집권적 통치 체제를 더욱 발전시켰지.

아소카 왕은 지역 간의 교역을 발전시키기 위해 1,600킬로미터에 이르는 도로를 만들고, 도로 주변에는 우물과 여관을 만들기도 했어. 상인들이 좀 더 쉽게, 편하

마우리아 제국의 아소카 왕이 세운 산치 대탑의 정문 모습이다. 아소카 왕은 불교를 널리 퍼뜨리기 위해 인도 곳곳에 많은 탑과 불교 사원을 세웠다.

마우리아 제국 시대에 만들어진 불교 조각상이다. 마야 부인이 어린 싯다르타를 낳는 장면을 새겼다.

게 오갈 수 있도록 말이야. 그는 또 전국 방방곡곡에 관리들을 보내 백성들의 생활을 살피게 했어. 그리고 저수지와 같은 관개 시설을 만들고 농토를 늘리는 등 농사에도 힘썼단다.

그리고 아소카 왕은 자기가 다스리는 모든 사람들이 불교의 가르침에 따라 생활하도록 불교를 국교로 삼았지. 자신도 부처의 가르침에 따라 나라를 공평하고, 정의롭게 다스리겠다고 하면서 말이야. 왜 아소카 왕은 불교를 국교로 정했을까?

전해 오는 이야기에 의하면, 아소카 왕은 인도 동쪽 해안가 지역인 칼링가를 정복하면서 수십 만 명의 사람을 죽였다고 해. 그런데 전쟁터에서 우연히 비참하게 죽어 있는 사람들을 보고 큰 충격을 받았단다. 그러면서 그는 자기가 너무나 많은 사람을 죽이고, 상처 입혔다는 사실을 새삼 깨닫고 무척 고통스러웠지. 그래서 아소카 왕은 정복 전쟁을 중지하고, 불교의 가르침에 따라 정치를 해야겠다고 결심했다는구나.

그 뒤로 아소카 왕은 동물을 제물로 바치는 종교 의식을 금지

아소카 왕 시절의 인도 지도이다. 아소카 왕은 인도의 거의 대부분을 차지하는 넓은 영토를 불교의 가르침에 따라 다스리기 위해 노력했다. 그리고 아소카 왕 시절에 인도 북부의 발달한 문명이 인도 전역으로 퍼졌다.

마우리아 시대 귀족의 모습을 새긴 조각이다.

해탈[*]
인간의 모든 욕심으로부터 벗어나는 것을 뜻한다. 불교는 이것을 종교와 인생의 가장 최종 목적으로 생각한다. 즉 모든 욕심에서 벗어나는 것이 곧 구원이라고 주장한다. 그러나 그 구원은 신이 주는 것이 아니라 스스로 지혜를 깨우쳐야 얻을 수 있다고 말한다.

시키고, 고기를 먹지 못하도록 했어. 자신도 무척이나 좋아하던 사냥을 그만두었지. 그리고 산치 대탑을 비롯해 많은 불교 사원을 곳곳에 짓고, 백성들에게 불교의 가르침을 퍼뜨렸단다. 또 박트리아와 실론 섬에 승려를 보내서 불교를 알리기도 했는데, 이것을 계기로 불교는 중앙아시아와 동남아시아에까지 퍼져 나갈 수 있었지.

그런데 기원전 232년에 아소카 왕이 죽은 뒤 마우리아 제국은 빠르게 힘을 잃어 갔어. 넓은 제국을 유지하려면 많은 병사와 관리가 필요한데, 각지에서 보내는 세금이 점점 줄어들어서 중앙 정부가 재정적인 어려움을 겪었지. 게다가 여러 지역에서 반란이 일어나 제국이 분열되었단다. 결국 아소카 왕이 죽은 지 50년 만에 마우리아 제국은 무너지고 말았어.

마우리아 제국이 무너진 뒤, 인도에는 200여 년 동안 여러 왕국이 등장하여 경쟁하는 시대가 계속되었어. 북쪽에는 알렉산드로스 제국의 후예인 그리스 출신의 정복자가 박트리아를 세웠어. 박트리아는 기원전 2세기 무렵에 중앙아시아에서 내려 온 쿠샨족에게 무너졌지. 쿠샨 사람들이 세운 왕국은 페르시아와 중국 사이에서 중계 무역으로 번영을 누렸어.

한편 인도 중부와 남부 지역에서는 원주민이 세운 안드라 왕국과 몇 개의 작은 왕국이 바닷길을 통해 로마와 활발하게 교역을 펼치며 번영을 누렸단다.

| 대승 불교와 힌두교가 발전하다 |

불교가 우리나라에 처음 들어온 것은 3세기에서 5세기 사이 중국을 통해서였단다. 그런데 중국이나 우리나라에 들어온 불교는 처음에 싯다르타가 시작한 불교와는 약간 달랐어. 어떻게 다른지 한번 살펴볼까?

초기 불교는 인도에서 바이샤, 수드라 계급에게 환영을 받았어. 계급 구분을 인정하지 않고, 복잡한 의식을 강조하기보다는 도덕적으로 바르게 살라고 가르쳤기 때문이지. 하지만 윤회에서 벗어나 해탈*을 하려면 사람들은 많은 것을 희생해야 했어. 욕심을 버려야 하니까 재산도 버려야 하고, 속세에서도 벗어나 몸과 마음을 갈고 닦아야 했지.

더구나 다른 종교는 신의 도움을 받지만, 불교에서는 모든 것이 자신에게 달려 있다고 하니, 더욱 엄격해져야 했단다. 이런 점 때문에 불교는 사람들에게 다가가기

명상하는 부처상이다. 인도 사람들은 그리스 헬레니즘 문화의 영향을 받아 불상을 만들기 시작했다.

쉽지 않았단다.

부처가 죽은 뒤, 불교 승려들 사이에서는 부처의 가르침을 어떻게 이해하고 실천할 것인가를 두고 오랫동안 논쟁이 이어졌단다. 그런데 기원전 3세기~기원전 1세기 사이에 해탈에 이르는 새로운 방법을 주장하는 사람들이 나타났어. 다른 사람들의 수행을 돕고 선행을 베풀면, 윤회의 굴레에서 벗어나 해탈에 도달할 수 있다는 것이지.

또 불교 사원에 돈이나 선물을 많이 바치는 것도 선행이 될 수 있었어. 그렇게 해서 소수의 승려들만이 아니라 대중들도 좀 더 쉽게 불교에 다가갈 수 있게 한 거야. 이런 불교를 '대승 불교'*라고 해. 대승 불교는 인도에서 빠르게 퍼져 나가, 중앙아시아를 거쳐 중국, 우리나라, 일본에까지 전해졌지.

대승 불교가 생겼다고 해서 엄격한 자기 수양을 요구하는 초기의 불교가 아예 사라진 것은 아니었어. 그러한 불교를 '소승 불교'라고 하는데, 소승 불교는 실론 섬과 동남아시아로 퍼져 나갔단다.

그런데 인도에서는 불교보다도 사람들의 마음을 사로잡은 종교가 있었어. 바로 힌두 교지.

힌두 교는 오랜 세월 동안 여러 종교의 영향을 받아 만들어진 것으로, 창시자가 따로 있는 것은 아니란다. 힌두 교는 불교와 달리, 옛날 브라만교나 『베다』에서 말한 윤리와 관습을 거부하지 않았어. 우파니샤드에서 말한 업보, 환생, 윤회 사상을 거의 그대로 받아들인 것은 불교와 닮은 점이지만, 힌두 교는 브라만 교를 기초로 해서 여러 종교가 통합되어 만들어진 종교야.

대승 불교*
'대승'은 많은 사람을 구제하여 태우는 큰 수레라는 뜻을 담고 있다. 대승 불교에서는 모든 사람이 부처가 될 수 있는 가능성이 있다고 생각하며, 자기만의 구제보다는 다른 사람의 구제를 지향하는 보살의 역할을 그 이상으로 삼고 있다. 중국을 거쳐 삼국 시대에 우리나라에 들어왔다.

힌두 교에서는 인생의 목적을 네 가지로 말해. 종교와 윤리적인 법에 복종하는 것, 정직하게 경제적 이익을 추구하여 부유해지는 것, 사회적, 육체적인 즐거움을 누리는 것, 영혼을 구원받는 것이 그것이지. 그리고 앞의 세 가지 목적을 조화롭게 이루고 살면, 맨 마지막 목적인 구원에 이르게 된다고 하지.

이 가운데 첫 번째 목적은 카스트마다 약간씩 달라. 그러니까 카스트마다 자기에게 맞는 법에 따라 생활해야 하는 거지. 이렇게 힌두 교는 사람들에게 자신의 카스트에 만족하고, 카스트의 법에 따라 살면 구원받을 수 있다고 가르쳤어. 즉, 카스트 제도를 좀 더 단단하게 만드는 역할을 한 거지.

마우리아 제국 시대의 사람들이 믿던 여신을 새긴 조각상이다.

마우리아 제국이 불교를 국교로 삼았다고 했지? 그런데 4세기에 세워진 굽타 제국은 힌두 교를 장려했단다. 굽타 제국은 힌두 교의 종교적, 윤리적 가치를 가르치는 제도를 만들기도 했어. 결국 11세기에 이르자 인도에서 불교는 거의 사라졌고, 힌두 교가 가장 많은 사람들이 믿는 종교로 자리를 잡았단다.

인도 사람들이 대외 교역에 힘쓰다

하라파와 모헨조다로의 유물을 통해서도 알 수 있듯이, 인도는 문명이 발생했던 당시에도 이미 서아시아, 이집트 등 다른 지역과 활발하게 교역을 했단다. 그 뒤로도 인도는 강과 바다, 육로를 통해 활발하게 다른 지역과 교역을 했어. 찬드라굽타 마우리아 시절에는 국가가 나서서 교역을 담당하기도 했지. 그래서 인도에는 일찍

2세기 무렵 인도와 로마를 잇는 교역로 지도와 고대 인도의 배를 새긴 조각이다.

부터 부유한 상인이 아주 많았단다.

마우리아 제국이 쇠퇴한 뒤에도 교역은 계속되었어. 육로를 통해 서쪽으로는 페르시아와 그리스, 동쪽으로는 중앙아시아를 거쳐 멀리 중국에까지 인도의 상품이 팔려 나갔지. 바닷길로는 실론, 미얀마, 베트남, 지중해 지역, 아프리카 동해안에까지 인도 상인들이 드나들었어.

인도의 외교 사절이 로마 제국을 방문했고, 말레이시아 사람이 인도, 동아프리카까지 항해했다는 기록도 남아 있단다.

바닷길로는 다양한 상품들이 거래되었어. 중국은 비단과 칠기를, 동남아시아와 인도는 산호와 진주, 후추, 생강, 계피, 정향 등의 향신료를 지중해로 수출했어. 지중해, 페르시아 지역에서는 말, 모, 아마포, 유리, 보석 등을 인도를 거쳐 중국, 동남아시아 지역으로 수출하였단다.

로마 상인들이 가져간 인도의 향신료와 비단은 당시 로마 귀족들에게 인기가 좋아서 매우 비싼 가격에 팔렸어. 그래서 두 나라 사이의 무역에서는 로마 제국이 늘 손해를 봤다는구나. 로마의 정치가들 중에는 인도에서 비단과 향신료 수입을 금지해야 한다고 주장하는 사람이 나올 정도였지. 15세기 말에 유럽 사람들이 인도로 가는 바닷길을 찾기 위해 많은 노력을 기울인 것도 향신료를 직접 구하기 위해서였어.

바닷길을 통한 무역은 중앙아시아가 정치적으로 불안할 때 더욱 활기를 띠었어. 불안정한 시기에는 육로로 오가다 전쟁에 휘말릴 수도 있으니, 차라리 바닷길을 이용한 거지.

인도와 활발하게 교역을 하던 로마 제국 시대의 항구 모습을 모자이크로 표현한 그림이다.

이때 인도 상인들은 주로 육지에서 멀리 떨어지지 않은 바닷길로 다녔어. 그래야 필요할 때는 육지에 들러서 도움을 받을 수 있으니까. 또 늘 새를 데리고 다녔지. 길을 잃으면 그 새를 날려 보냈는데, 새가 날아가는 방향을 보면 육지가 어느 쪽인지를 가늠할 수 있었단다. 그리고 저녁에는 하늘의 별을 보고 방향을 잡았지.

점차 해류가 어떻게 흐르고, 바람이 언제, 어느 쪽으로 부는지 알게 되면서, 인도 뱃사람들은 해류와 바람을 이용해서 좀 더 빨리 여행할 수 있는 바닷길을 개척하기도 했어. 계절마다 일정한 방향으로 부는 바람을 계절풍이라고 하는데, 인도 상인들은 계절풍을 타고 아라비아 반도와 아프리카 동쪽 해안까지 여행을 했단다. 좀 더 빨라졌다고는 하지만, 그래도 여전히 몇 달에 걸쳐서 오가는 여정이었단다.

상인들은 오가면서 물건만 사고판 게 아니야. 종교나 새로운 학문, 새로운 기술, 풍습도 함께 주고받았지. 그래서 먼 거리를 오가는 교역은 지역 간의 문화 교류에도 크게 이바지하게 마련이란다. 인도의 불교가 동아시아나 동남아시아로 퍼져 나가고, 페르시아의 조로아스터교가 인도, 지중해, 중국에 알려지고, 인도와 동남아시아의 향신료가 지중해를 통해 유럽까지 전달되어 음식 문화에 큰 변화를 일으킨 것이 모두 교역에서 비롯한 거지.

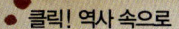
카니슈카 왕과 대승 불교

　카니슈카 왕은 쿠샨 왕국의 세 번째 왕이었어. 카니슈카 왕은 아프가니스탄에서 시작해 인도 북부, 중앙아시아의 카슈미르 지역까지 다스렸지. 지중해와 인도를 잇는 바닷길을 차지하고 무역을 했어. 또 중국과 서아시아를 잇는 초원길을 차지했지. 그러자 쿠샨 왕국은 점점 부유해졌어.

　카니슈카 왕은 불교에도 큰 업적을 남겼어. 곳곳에 불교 사원과 탑을 세우고 더 많은 사람이 불교를 믿고 따르도록 했지. 무역을 하면서 로마의 영향을 받아 새로운 모습의 불상도 만들었어. 그런데 당시 불교의 승려들은 개인의 깨달음이 먼저냐 대중을 구하는 일이 먼저냐를 두고 의견이 엇갈렸어.

　카니슈카 왕은 어느 날 인도의 유명한 승려를 모두 모아 충분히 토론을 하게 해야겠다는 생각을 했어. 왕 앞에 모여든 승려들은 자기 주장을 펼치기 바빴어.

　"나를 수양해 깨달음의 세계로 가는 것이 불교의 진정한 가르침입니다."

　"깨달음의 세계로 가기 전에 대중을 깨닫게 하는 일이 먼저입니다."

　두 무리의 승려는 굽힘이 없어서 결론을 낼 수 없었지. 모임이 끝난 뒤에 대중을 깨달음의 세계로 인도해야 한다는 승려들이 따로 모였어. 이 승려들이 주장한 불교를 대승 불교라고 불러. 카니슈카 왕이 도와준 덕분에 대승 불교는 빠른 시간에 널리 퍼졌어. 나중에는 중국을 거쳐 우리나라에까지 전해졌단다.

중국 문화의 틀을 닦은 진과 한

중국 사람들은 '만리장성에 오르지 않으면 사내대장부가 아니다.'라는 말로 만리장성에 대한 자부심을 표현한단다. 이 만리장성은 춘추 전국 시대를 끝낸 진나라의 시황제가 만들었어. 시황제는 만리장성뿐만 아니라 여러 가지 통일 정책을 펼쳐 오랫동안 여러 나라로 흩어졌던 중국을 하나로 단단하게 묶었단다.

그리고 진나라의 뒤를 이은 나라는 유방의 한나라야. 한나라는 400년이 넘게 중국을 지배했어. 그 동안 오늘날 중국 문화의 틀이 만들어졌단다. 그래서 중국 사람을 뜻하는 '한족', 중국 문자를 뜻하는 '한자' 같은 말들이 모두 한나라에서 비롯되었단다. 진나라와 한나라가 어떻게 중국을 하나로 통합하고, 문화의 틀을 만들었는지 함께 알아보자꾸나.

진시황제가 중국을 하나로 만들다

여러 제후국들이 서로 힘을 겨루던 춘추 전국 시대는 기원전 221년에 진나라가 다른 나라들을 다 정복하면서 끝났단다.

중국을 통일한 진나라의 왕은 자신의 힘과 권위를 널리 보이고자, 중국 전설 속의 '삼황오제'를 하나로 합쳐 황제라는 칭호를 만들었어. 그리고 자신을 '시황제'라고 부르게 했지. 자신이 첫 번째 황제라는 뜻이란다. 시황제는 어

시황제의 무덤을 지키는 병사들 모양의 토기이다.

중국 산시성에 있는 시황제의 무덤에서 발굴된 병사들의 토기이다. 실제 군사와 비슷한 크기로 만들어진 이 토기들은 현재까지 발굴된 것이 6,000여 개나 된다. 갑옷을 입고 무장한 병사들의 모습이 하나같이 살아 있는 듯 생생하다.

렵게 통일한 중국의 드넓은 땅을 어떻게 다스릴 것인지 고민했어. 시황제 이전까지는 제후들에게 영토를 나누어 주고 다스리라고 맡겼지. 이를 봉건제라고 하는데, 주나라를 거치면서 봉건제의 문제점이 드러났단다. 바로 제후의 권력이 너무 커지면 반란이 일어나 나라가 분열될 수 있다는 것이었어. 실제로 주나라는 제후의 권력이 커지면서 여러 나라로 분열되었고, 수백 년 동안 전쟁에 시달려야 했지.

 그래서 시황제는 나라의 조직과 행정을 황제에게 집중시키는 강력한 중앙 집권 제도를 실시하기로 결심했어. 먼저 전국을 몇 개의 군과 현으로 나누고, 그곳에 자신이 임명한 관리를 내려 보내 다스리게 했지. 이것을 '군현제'라고 해. 또 제자백가 가운데 하나인 법가의 충고를 받아들여서 법을 만들고, 그 법에 따라 나라를 다스렸어. 법을 어긴 사람은 왕족이든 평민이든 가리지 않고 강력하게 처벌했지.

 그리고 수도 셴양에서 전국의 중요한 지역을 잇는 도로를 만들었단다. 페르시아 제국에서도 다리우스 왕이 도로를 많이 만들었지. 잘 만들어진 도로는 큰 나라를

효과적으로 다스리기 위해서 꼭 필요한 것이란다. 그 덕분에 시황제의 명령은 관리들에게 빠르게 전달되었고, 어느 지역에서 반란이 일어나더라도 즉시 시황제의 강력한 군대가 달려가 진압할 수 있었지. 그리고 흉노족의 침략을 막기 위해 만리장성을 쌓아 국경 수비를 튼튼하게 했어.

그뿐만 아니라 시황제는 문자와 화폐, 도량형도 통일해서 중국을 하나로 만들려고 했단다. 중국은 아주 일찍부터 한자를 사용했는데, 워낙 땅이 넓다 보니 지역마다 한자를 읽는 소리, 또 한자가 뜻하는 의미 등이 많이 달랐단다. 시황제는 다른 지역 사람들끼리 교류할 때 의사소통을 원활하게 하려면 한자의 소리와 의미, 쓰는 방법을 통일해야 한다고 생각했지.

그리고 시황제는 지역마다 다르게 쓰이던 화폐, 무게와 길이를 재는 도량형도 표준을 만들어서, 어디서든 통하게 만들었지. 화폐나 도량형이 통일되지 않고 뒤죽박죽이면 물건을 사고팔거나 건물을 짓거나 할 때 아주 혼란스럽기 때문이었어.

진나라 시대에 만들어진 청동 거울이다. 맹수를 사냥하는 사람이 새겨져 있다.

시황제의 이런 통일 정책은 오랫동안 나뉘어 있던 중국을 하나로 묶었고, 중국은 마침내 크고 강한 나라가 되어 외국에까지 그 이름을 떨쳤어. 중국을 영어로 차이나(China)라고 하는데, 이것은 바로 진(Chin)에서 비롯된 이름이란다. 뿐만 아니라 진나라가 망한 뒤에도 이런 통일 정책은 중국이 여러 차례 분열되었다가도 다시 하나로 통일될 수 있는 기틀이 되었지.

이처럼 시황제가 중국을 한데 아우르기 위해 애쓰고 있을 때, 한편에서는 시황제의 통치 방법을 비판하는 사람도 있었어.

시황제가 흉노의 침략을 막기 위해 쌓은 진나라 서쪽 국경 지역의 만리장성 모습이다. 시황제는 이전의 성벽들을 연결해 흉노가 말을 타고 공격하지 못하도록 막았다.

진승과 오광의 반란*
기원전 209년에 농민들이 한 거대한 공사에 동원되었는데, 제 날짜에 부역 장소에 도착하지 못하게 되었다. 그러자 진승과 오광이 "머리가 잘리는 참수형을 당하느니 차라리 싸우다 죽자!"라고 하면서 반란을 일으켰다. 그 뒤를 이어 진나라에 불만이 있던 사람들이 함께 일어났고, 반란군은 백성들의 환영을 받았다.

어느 날 시황제를 도와 정치를 맡아 보던 이사가 말했지.

"폐하, 학자들이 폐하의 통치 방식이 과거 왕들과 다르다고 비판하고 있습니다. 이런 비판이 백성들에게까지 영향을 미쳐, 백성들도 황제 폐하를 비판합니다."

춘추 전국 시대까지는 여러 제후가 저마다 다양한 사상을 바탕에 두고 나라를 다스렸어. 그런데 시황제는 여태껏 저마다 달랐던 방식을 모조리 무시하고 통일을 추구했지. 더구나 법까지 엄하게 적용했으니 백성들의 불만이 점점 높아진 거야.

시황제는 백성들의 불만이 높다는 소리를 듣고, 농업, 의학, 점술 등과 관련된 것을 제외하고는 책을 모두 없애라고 명령했지. 모든 사람들이 진의 통치 방식대로 생각하고, 생활하기를 바랐던 거야. 시황제는 농업이나 의학 같은 실생활에 필요한 책 말고는 누구도 책을 가져서는 안 되고, 정부를 비판해서도 안 된다는 법률을 만들었단다. 그리고 자기를 비판하는 학자들을 460명이나 산 채로 묻어서 죽였어. 이 사건을 '책을 태우고 유학자들을 묻어 버렸다.'라는 뜻으로 '분서갱유'라고 불러. 그런데 분서갱유로 인해 시황제에 대한 불만은 더 커졌고, 시황제를 암살하려는 사람들도 늘었어. 게다가 만리장성 같은 대규모 공사와 높은 세금도 불만을 쌓이게 만드는 원인이 되었지.

결국 진나라는 시황제가 죽은 뒤 진승과 오광의 반란*을 시작으로 전국에서 농민 반란이 일어나 망해 버렸어. 시황제가 중국을 통일한 지 겨우 14년 만이었지.

| 한나라가 중국 문화의 틀을 만들다 |

진나라 시황제의 뒤를 이어 중국을 통일한 사람은 농민 출신인 유방이었어. 유방이 세운 나라가 바로 한나라란다. 유방은 진나라의 제도를 대부분 이어받았어. 하지만 시황제와 달리 처음에는 수도인 장안 주변 지역만 자신이 직접 다스리고, 나머지 지역은 자신의 부하들을 제후로 삼아 다스리게 했지. 하지만 얼마 뒤 반란을 일으키려 했다는 구실로 여러 제후를 죽인 뒤 자신의 아들이나 친척을 제후로 삼았단다.

유방은 나라의 경제를 살리는 데 많은 노력을 기울였어. 이리저리 떠돌던 농민들에게 땅을 주고, 못쓰게 된 땅을 다시 일구어 농토를 크게 늘였지. 또한 세금도 줄이고, 진나라 때 실시했던 가혹한 형벌 제도도 없앴어. 이런 노력은 유방의 뒤를 이은 황제들 때도 계속되었단다.

한나라의 힘이 가장 강했던 때는 일곱 번째 황제, 무제 시절이었어. 무제는 영토를 넓히고, 나라를 부강하게 만들려고 많은 노력을 했지. 무제 때 한의 땅은 남쪽으로는 오늘날의 베트남까지, 북서쪽으로는 흉노족을 물리치고 중앙아시아까지 이를 정도로 넓었어. 무제는 동쪽으로도 군대를 보내 고조선까지 무너뜨렸단다.

무제는 진나라가 너무 엄격한 법을 앞세워 나라를 다스리다가 백성들의 불만을 산 것을 교훈으로 삼아, 유가의 가르침에 따라 나라를 다스리려고 했어. 유가의 가르침인 어짊과 덕으로 백성들을 다스려서 백성들 스스로 왕과 나라에 충성하도록 한 거지. 무제는 태학이라는 학교를 만들어서 백성들에게 유가의 경전을 가르치고, 과거 제도를 시행해서 유가의 가르침을 공부한 사람을 관리로 뽑았어. 관리들을 뽑는 데에는 학식이 높을 뿐 아니라 효성스럽고 덕이 있어야 하고, 청렴해야 한다는 기준이 있었단다. 이에 따라 신분이 높지 않은 사람들도 관리가 될 수 있었어.

이처럼 무제가 유가의 가르침을 중시하자 중국 사회에는 유가 사상이 널리 퍼졌고, 자연스레 황제를 중심으로 한 중앙 집권 정치가 뿌리를 내렸어. 정치가 안정되고, 나라의 틀이 잡히면서 경제도 발전했어. 소를 이용한 새로운 농사법과 철제 농기구가 널리 퍼지면서 농작물의 생산이 크게 늘고, 이에 따라 상업과 교역도 발전했지. 그러면서 전국의 상인들이 수도인 장안으로 몰려들었고, 장안은 크게 번영을 누렸단다.

한나라 시대의 집 모양을 본떠 만든 토기이다.

장안은 길이 바둑판 모양으로 반듯하게 나 있었어. 이 길로 짐마차와 외발 손수레가 다니면서 농산물이나 여러 상품을 시장으로 날랐지. 한나라 때 만들어진 외발 손수레는 지금까지도 중국에서 사용되고 있단다. 그리고 나라에서 여러 개의 시장을 직접 관리했는데, 사람들은 시장에서 비단, 목재, 가죽 같은 물품을 사고팔았단다. 상인들은 시장에서 파는 물건에 반드시 가격을 표시해야 했고, 이를 어기면 벌을 받았단다. 그리고 시장에서 물건을 팔고 생긴 이익의 10분의 1 가량을 나라에 세금으로 바쳐야 했지.

이렇게 한나라 때 만들어진 여러 제도와 문화는 계속 이어져서 중국 문화의 기본적인 틀이 되었고, 시간이 흐르면서 우리나라를 비롯해 주변 여러 나라에도 큰 영향을 미쳤단다.

비단길을 통해 중국과 로마가 연결되다

중국의 기록을 보면, 166년에 로마 황제 마르쿠스 아우렐리우스가 보낸 사신이 중국에 도착했다는 내용이 있어. 그런데 사신이 왜, 어떻게 왔는지까지는 자세한 기록이 없어 알 수가 없단다. 어쨌든 로마와 한나라 사이에 교류가 있었다는 것을 보여 주는 기록이지.

한나라가 중앙아시아의 유목민, 동남아시아, 동쪽의 고조선, 고구려 이외에 중국 서쪽에 있는 여러 나라, 즉 '서역'에 대해 알게 된 것은 흉노때문이란다. 흉노는 중앙아시아에서 유목 생활을 했는데, 한나라에게는 매우 두려우면서 귀찮은 존재였어. 말을 잘 타고 싸움에 능한 흉노가 자주 한나라를 쳐들어왔거든.

이 시기 중국의 농민들은 유목민들을 일은 안 하고 도적질만 하는 난폭한 야만인이라고 생각했어. 한편 유목민들은 중국의 농민들을 자기 자신도 못 지키는 나약

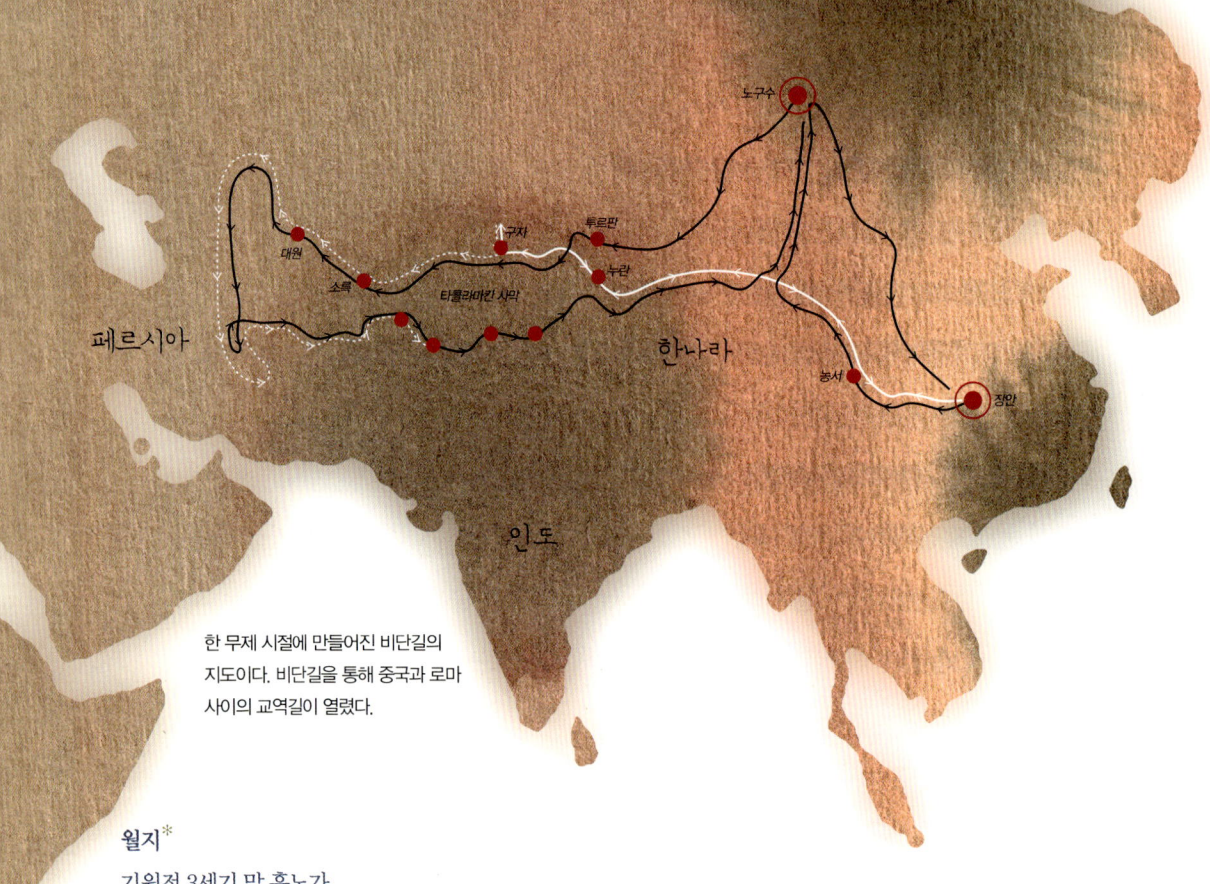

한 무제 시절에 만들어진 비단길의 지도이다. 비단길을 통해 중국과 로마 사이의 교역길이 열렸다.

월지[*]
기원전 3세기 말 흉노가 세력을 키우자 그 압박에 쫓겨 서쪽으로 이동하여 오늘날의 아프가니스탄을 지배하였다. 월지는 흉노를 함께 공격하자는 한 무제의 제안을 거절하고, 아프가니스탄 지역에 정착하였다.

한 사람들이라고 여겼지. 둘의 사이는 늘 좋지 않았어.

흉노를 정벌한 무제는 처음에 비단, 쌀 등 많은 선물을 주며 흉노를 달래서 한나라에 쳐들어오지 않도록 했어. 그러나 흉노는 점점 더 많은 것을 요구했고, 급기야 기원전 166년에는 14만 명의 기마병을 이끌고 한나라에 쳐들어왔지. 한나라는 몇 차례나 군대를 보냈지만 흉노를 물리치지는 못했어.

고민을 거듭하던 무제는 기원전 138년 어느 날, 신하인 장건을 불렀어.

"서역의 월지*와 힘을 합쳐 흉노를 치려고 하니, 월지와 동맹을 맺고 오너라."

그러나 장건은 월지로 가다가 흉노에게 붙잡히고 말았어. 장건은 10년 정도 흉노의 포로로 지내다가 간신히 탈출해 월지에

도착했지만, 월지는 한나라의 동맹 제의를 거부했어. 하지만 장건은 동맹에 실패한 대신, 흉노로부터 서역과 교역하는 데 필요한 정보를 많이 얻어 왔단다.

무제는 장건으로부터 서역에 대한 이야기를 듣고, 서역에 있는 나라들과 동맹을 맺어 흉노를 치려고 했지. 그래서 다시 장건을 보냈어. 그런데 서역의 유목민들은 흉노와 잘 지내고 있었기 때문에 한나라와 손잡고 흉노를 칠 생각이 없었단다. 장건은 몇 차례나 서역에 다녀왔지만, 동맹을 맺는 데는 번번이 실패했어. 그 대신 서역의 날씨, 풍물, 풍습 등에 대한 정보를 얻어 왔지.

장건이 알아 온 정보를 바탕으로, 무제는 서역 정벌에 나섰어. 한나라 군대는 파미르 고원을 넘어 페르가나를 무너뜨리고, 페르가나의 우수한 말들을 가져왔어. 그 때부터 한나라가 중앙아시아를 지나는 교역로를 통제하게 되었지. 이 교역로를 따라 비단이 오갔기 때문에, 사람들은 이 길을 '비단길'이라고 불렀단다.

중국의 비단은 비단길을 통해 로마까지 전해졌고, 로마의 상류층들은 너도나도 중국의 비단을 탐냈어. 기원전 44년, 카이사르가 죽을 무렵에 이미 로마에서 비단은 아주 인기가 있었다고 해. 그리고 비단을 만드는 법은 중국 사람만이 알고 있었기 때문에 값이 아주 비쌌어. 중국 사람들은 절대 다른 민족에게 비단 만드는 법을 알려 주지 않았고, 중국은 비단을 팔아 돈을 많이 벌 수 있었지.

그러다가 중국의 한 황녀가 서역의 어느 나라에 시집가면서 비단을 짜는 방직기와 누에를 가져가는 바람에 중국의 비단 독점은 깨어졌단다.

나르는 듯 날렵한 말의 청동 조각상이다.
한나라는 비단길을 통해 튼튼하고 잘 달리는
말을 구하려 노력했다.

헤로도토스
그리스 역사가이다. '역사의 아버지'라고도 불린다. 페르시아 전쟁사를 다룬 『역사』를 썼다. 그는 들은 그대로 기록하고 전해지는 것을 그대로 전하는 것을 서술 원칙으로 삼았다. 그래서 갈 수 있는 곳이라면 어디든지 찾아다녔고, 직접 많은 사람들을 만나 이야기를 나누었다고 한다.

유목민이 초원 지역을 지배하다

비단길이 가로지르는 중앙아시아에는 유목민들이 많이 살았어. 중앙아시아의 날씨는 여름에는 40도가 넘을 정도로 뜨겁고 건조하단다. 초원도 많지만, 고비 사막처럼 거대한 사막도 있지. 사막에는 습기가 별로 없어서 땀이 많이 나지는 않지만, 바람이 심해서 흙먼지가 날리지. 그래서 사람들은 흙먼지를 막기 위해 뜨거운 날씨에도 긴소매를 입고, 머리에는 두건을 쓴단다.

유목민들은 초원을 따라 겨울에는 남쪽으로, 여름에는 북쪽으로 이동하면서 양, 염소, 낙타, 말을 키웠어. 그것은 지금도 마찬가지란다. 그리고 여기저기 옮겨 다니다가 넓은 초원에 거대한 제국을 세우기도 했지. 그런데 아쉽게도 유목민들은 문자를 만들어 기록해 두지 않았단다. 그래서 그들의 역사에 대해서는 페르시아, 그리스, 중국 등에서 기록한 내용들과, 유목민들 사이에 전해 오는 이야기를 통해서만 알 수 있지.

중앙아시아의 유목민 중에서 먼저 스키타이부터 살펴보자꾸나. 그들이 처음에 어디에서 살았는지는 확실히 알려져 있지 않지만, 이란 계통 언어를 사용하고 알타이에서 주로 활동했다

말을 타고 활을 쏘는 모습의 스키타이 사람의 청동 조각상이다.

중앙아시아의 초원 모습이다. 중앙아시아 초원 지역에는 여러 유목민들이 양, 말 같은 가축들을 기르며 살았다. 이 중에서 흉노는 말을 다루는 기술이 뛰어났다. 흉노는 겨울이 오기 전 식량을 마련하기 위해 중국을 침략하곤 했다.

고 해.

스키타이는 칼 같은 무기에 독특한 동물 문양을 그렸는데, 이러한 문양은 중앙아시아에 널리 퍼졌고, 심지어 우리나라에까지 들어왔단다. 우리나라 청동검 가운데에도 스키타이의 독특한 동물 문양이 그려져 있는 것을 찾아볼 수 있거든.

그리스의 역사가 헤로도토스*는 스키타이를 '아주 용맹스러운 민족'이라고 기록했어. 페르시아의 기록을 보면, 다리우스 3세가 스키타이를 몰아내려고 쳐들어갔다가 오히려 지고 말았다는 내용도 있지.

중앙아시아의 유목민 가운데는 많은 나라 사람들의 간을 서늘하게 한 민족도 있었어. 한나라도 무서워했던 흉노가 바로 그들이지. 흉노는 지금의 몽골 지역에서 말이나 양 같은 가축을 기르면서 살던 민족이야. 진나라 때는 중국 북쪽 대부분을 차지하고 커다란 제국을 이루었지.

흉노는 넓은 초원에서 가축을 기르고 풀이 많은 곳을 따라 이동하면서 살았어. 한곳에 머물러 살지 않았기 때문에 농사는 거의 짓지 않았지. 그런데 중국에게는 흉노가 큰 골칫거리였단다. 걸핏하면 중국을 침략해 왔거든. 시황제가 만리장성을 쌓은 이유도 흉노를 막기 위해서였지.

가을이 되면 초원에는 비가 오지 않는데, 그러면 유목을 하는 흉노는 먹을 것이 부족해지지. 그에 비해 중국은 농사지은 것을 거두어서 아주 풍요로웠단다. 그래서 해마다 가을이면 배고픈 흉노가 중국에 쳐들어와 식량을 빼앗아갔던 거야. 흉노는 전쟁에 무척 뛰어나서 중국 사람들이 당해내지 못했지. '천고마비'라는 말을 들어본 적이 있니? 가을의 풍요로움을 뜻하는 말이지. 그런데 원래 이 말은 하늘이 높아지고 말이 살찌는 가을이 되면 흉노가 쳐들어온다는 걱정에서 생겨난 말이란다.

이 무렵 중앙아시아의 유목 민족들은 이미 타클라마칸 사막*을 지나서 서아시아와 교역을 하고 있었어. 그런데 중국이 중앙아시아 유목민들과 접촉하게 되면서, 중국 상인들도 간접적으로나마 서아시아와 교류하는 데 참여할 수 있게 되었단다.

타클라마칸 사막*
100미터가 넘는 모래 언덕이 이어지고, 강한 바람이 불어 예로부터 교통의 큰 장애가 되었다. 타클라마칸은 위구르어로 '들어가면 나올 수 없는'이라는 뜻이다.

클릭! 역사 속으로
사마천과 『사기』

"폐하, 이릉이 흉노에게 잡힌 것은 용감하게 싸우다 어쩔 수 없이 그리 된 것입니다. 어찌 이릉의 죄라 할 수 있겠습니까?"

사마천의 이야기를 듣고 무제는 화가 나서 얼굴이 붉어졌단다. 이릉은 뛰어난 장수였는데, 겨우 5,000명의 군사를 데리고 8만 명의 흉노에게 맞섰다가 포로가 되어 항복했지. 모든 신하가 흉노에 항복한 이릉을 비난하고 있을 때, 사마천은 홀로 이릉을 두둔하고 나섰지.

"네가 감히 나에게 대드느냐? 여봐라, 사마천을 사형시켜라!"

당시에는 사형이 내려지더라도 피할 수 있는 방법이 있었는데, 하나는 엄청난 벌금을 내고 낮은 신분으로 떨어지는 것이고, 또 하나는 성기를 없애는 궁형을 받는 거야. 모두들 사마천이 죽을 거라고 생각했지. 하지만 사마천은 궁형을 받기로 결심했어.

'나에게는 역사를 기록해야 할 의무가 있다. 당장은 치욕스럽더라도 목숨을 건지자.'

그래서 사마천은 수천 년이 흘러도 빛이 바래지 않는 위대한 역사서, 『사기』를 지을 수 있었어.

사마천은 기원전 145년에 중국의 룽먼에서 태어났어. 사마천의 아버지 사마담은 천문과 역사를 기록하는 벼슬인 태사령을 지냈는데, 사마천에게 역사서를 쓰라는 유언을 남겼단다. 사마천은 꾸준히 현장을 답사하고 자료 수집을 해서, 기원전 91년에 『사기』를 완성했어. 『사기』는 상고 시대의 황제부터 한나라 무제에 이르기까지의 중국 역사를 담은 책이야. 인물의 전기를 이어가는 서술 방식인 기전체가 여기서 비롯됐지.

로마 제국의 발전

'로마는 하루아침에 이루어지지 않았다.' 라는 말을 들어 보았니? 끈기를 갖고 차근차근 노력해야 큰일을 이룰 수 있다는 뜻이지. 지금이야 로마가 이탈리아의 수도일 뿐이지만, 2000여 년 전에 로마는 지중해 일대를 지배한 아주 크고 강력한 나라였단다. 당시 사람들은 로마를 세계에서 가장 위대한 나라라고 생각했어.

하루아침에 이루어지지 않았다는 말에서 알 수 있듯이, 로마도 처음부터 위대한 나라는 아니었어. 작고 약한 도시 국가에 불과해서, 늘 주변의 힘센 나라들에게 시달렸지. 그랬던 로마가 어떻게 차근차근 힘을 키워 마침내는 위대한 제국을 만들었는지 궁금하지 않니?

| 로마는 하루아침에 이루어지지 않았다 |

기원전 4세기 무렵 알렉산드로스 왕이 그리스의 폴리스들을 정복하고, 동쪽의 페르시아 제국까지 손에 넣어 대제국을 건설했다는 이야기는 이미 했지? 그런데 이 무렵 지중해의 서쪽 이탈리아 반도에는 그리스의 식민지 몇 개, 그리고 농사를 지으며 살아가는 가난하고 거친 농경 민족들의 도시가 있었어. 이 도시들 가운데 하나가 라틴 족이 세운 로마였어.

로마 건국 신화를 보면 늑대 젖을 먹고 자란 양치기 청년 로물루스와 레무스가 기원전 753년 무렵에 나라를 세웠다고 해. 로마는 초기에 투표로 왕을 뽑았는데, 능

로마를 세웠다고 알려진 로물로스와 레무스의 조각상이다.

력이 있으면 다른 나라 사람이라도 상관하지 않았대.

그래서 로마보다 훨씬 앞선 문명을 갖고 있던 에트루리아 사람을 왕으로 뽑기도 했지. 그러고는 열심히 에트루리아의 선진 문물을 받아들였단다. 로마가 자랑하는 건축, 도로, 전투, 예술, 의약 등이 모두 이 무렵 에트루리아의 영향을 받은 분야이지. 로마 사람들은 또 교역을 위해 드나들던 그리스 상인들로부터 문자와 도량형을 배워 자기들 것으로 만들었단다.

전설에 의하면 기원전 6세기 후반, 7대 왕 타르퀴니우스의 폭정에 분노해서 로마 사람들이 봉기를 일으켜 왕을 몰아냈다고 해. 이후 로마 사람들에게는 왕정이 안 좋은 것이라는 인식이 굳게 자리 잡게 되었어. 그래서 로마 사람들은 왕정 대신 시민이 그들의 대표를 뽑아 정치를 하는 공화정으로 정치 제도를 바꾸었단다.

로마의 공화정에서 국가의 중요한 일을 자문하는 원로원, 모든 시민이 참여하는 민회, 민회에서 선출하는 두 명의 집

로마 시민들의 생활 중심지였던 로마 광장의 유적 모습이다.

한니발[*]
제2차 포에니 전쟁 때 로마군과 벌인 여러 차례의 전투에서 큰 승리를 거두며 로마를 위기에 빠뜨렸다. 그러나 힘을 회복한 로마 군대의 작전에 말려 기원전 202년에 자마 전투에서 크게 패했다.

정관이 중요한 역할을 했어. 집정관은 행정과 군사 업무를 책임지고 있었는데, 로마 사람들은 한 사람이 집정관을 오랫동안 하면 왕처럼 권력이 너무 커져서 독재자가 될 수 있다고 생각했어. 그래서 일 년 마다 집정관을 다시 뽑았지.

그리고 처음에는 원로원 의원이나 집정관 모두 귀족들로만 뽑았는데, 평민들의 세력이 커지면서 평민도 원로원 의원이나 집정관이 될 수 있는 법이 만들어졌어. 그런데 원로원 의원이나 집정관은 돈을 받지 않고 일을 해야 하기 때문에 가난한 평민에게는 그림의 떡에 불과했지.

한편 로마 사람들은 공화정을 세우고 난 뒤 200년이 넘는 기간 동안 다른 부족과 끊임없이 전쟁을 치러야 했어. 처음에는 타르퀴니우스 가문과 동맹을 맺고 있던 세력들이 보복을 하려고

전쟁에서 이기고 돌아오는 로마 병사들을 새긴 조각상이다.

로마에 쳐들어온 것을 막으면서 전쟁이 시작되었지. 그런데 전쟁에서 승리한 뒤, 로마 사람들은 좀 더 많은 영토를 얻어서 늘어가는 인구 문제를 해결해야겠다고 생각하게 되었어.

결국 로마는 기원전 265년 무렵에 이탈리아 대부분을 정복했고, 100년 뒤에는 지중해 연안의 거의 모든 폴리스를 식민지로 삼았단다. 그런데 당시에는 다른 나라와 자유롭게 교역을 하려면 먼저 지중해를 손에 넣어야 했어. 하지만 이미 카르타고가 지중해 무역을 장악하고 있었지. 결국 로마는 카르타고와 포에니 전쟁이라는 힘겨운 전쟁을 치르게 되는데, 포에니 전쟁은 무려 120년 동안 세 차례에 걸쳐 벌어졌단다. 한때는 카르타고의 장군 한니발*의 기세에 눌려 금방이라도 로마가 망할 것 같았지만 로마는 위기를 잘 넘기고 카르타고를 물리쳤어.

제2차 포에니 전쟁의 승리로 로마는 카르타고가 지배하던 에스파냐를 차지했어. 에스파냐에는 은광이 있어서 로마를 부유하게 만들어 주었지. 로마는 그 뒤 유럽 진출의 길을 마련하는 과정에서 그리스와 소아시아를 정복하고, 이집트를 보호국으로 만들었어. 그렇게 해서 기원전 2세기가 끝나기 전에 로마는 지중해 전역을 장악하고, 그리스 문화도 로마로 흡수했단다.

로마는 이제 이탈리아와 지중해 일대를 지배하는 가장 힘센 나라가 되었어. 로마가 처음 세워지고 500여 년이 지나는 동안 로마 사람들이 힘을 모아 차근차근 노력한 결과였지.

| 공화정에서 제정으로 발전하다 |

카르타고와의 전쟁이 끝난 뒤에도 로마는 계속 정복 전쟁을 벌여 땅을 넓혀 갔어. 식민지에서 걷은 어마어마한 세금과 각종 물자로 로마는 풍요로워졌고, 문화도

발전했지. 그러면 로마 사람들도 행복해졌을까?

　답부터 말하자면 그렇지 않았단다. 도리어 끊임없는 원정이 로마 사람들을 아주 비참하게 만들었지. 몇 년을 전쟁터에서 싸우다 돌아오면 집에는 아무것도 남아 있지 않았거든. 밭은 오랫동안 돌보지 못해서 황무지가 되어 있었고, 가족들은 뿔뿔이 흩어져서 찾을 수도 없었단다.

　게다가 전쟁 포로를 노예로 삼아서 대토지를 경영하는 지주나 귀족들이 곡물을 싸게 팔면서, 작은 농토를 경작하는 소농민들은 점점 몰락할 수밖에 없었어. 곡물을 대지주나 귀족만큼 싼 값에 팔 수 없으니 소농민의 곡물을 사는 사람이 없었거든. 그러다 보니 소농민은 빚을 지게 되고, 나중에는 빚 때문에 농토까지 잃게 되었지. 결국 땅을 잃은 농민들이나 일자리를 잃은 도시 노동자들은 군인 출신 귀족이나 부유한 대지주들에게 기대어 집과 먹을 것을 받고 대신 농사를 지어 주는 농노가 되어야 했어. 아니면 아주 가난하게 살아야 했지.

　대지주나 귀족들은 그들에게 먹을 것, 입을 것을 주며 선심을 베풀었어. 그렇게 하면 원로로 뽑힐 수 있다고 생각했기 때문이지. 갈수록 부유한 귀족이나 장군들이 관리나 원로가 되는 일이 많아졌고, 그들은 자신들에게 유리한 법을 만들었어. 그래서 그들은 더욱 부자가 되었고, 평민과 노예 들은 고통스러워서 점점 불만이 높아졌어.

　로마 곳곳에서 개혁을 요구하는 목소리가 커지자, 귀족 출신인 그라쿠스 형제가 앞장을 섰어. 형 티베리우스 그라쿠스는 기원전 133년에 토지 개혁법을 만들어, 땅이 없는 평민들에게 땅을

카이사르*
로마 공화정 말기의 정치가이자 장군이다. 폼페이우스, 크라수스와 손을 잡고 로마 정치를 이끌었으며, 민중의 이익을 대변해 큰 인기를 얻었다. 나중에 1인 지배자가 되어 각종 사회정책, 역서의 개정 등의 개혁 사업을 추진하였으나 브루투스 등에게 암살되었다.

나눠 주려고 했지. 하지만 티베리우스는 곧 귀족들이 보낸 자객에게 암살당하고 말았어. 그로부터 10여 년 뒤, 동생 가이우스 그라쿠스가 다시 토지 개혁법을 포함한 대대적인 개혁 정책을 펼쳤지. 로마 귀족들은 가이우스의 개혁 정책을 사사건건 반대했고, 가이우스도 결국 형처럼 비참한 최후를 맞고 말았단다.

개혁이 실패하면서 원로원과 민중 사이의 갈등은 점점 심해졌어. 결국 로마는 분열되고 정치가들이 약 75년 동안 개인 군대를 이용해서 싸웠지. 기원전 60년에는 군인 출신 정치가 폼페이우스, 크라수스, 카이사르*가 로마 영토를 나누어 경쟁하면서 다스리는 삼두 정치를 펼쳤어. 그런데 크라수스가 다른 나라와의 전투에서 죽고, 폼페이우스가 카이사르와 맞서다가 달아나 버리자 카이사르가 로마 전체를 통치하게 되었단다. 카이사르는 강력한 집정관이 되어 로마를 다스렸어.

그런데 원로원 의원들 가운데 브루투스와 카시우스롱기누스가 중심이 되어 카이사르를 암살할 계획을 세웠어. 카이사르가 왕처럼 독재하는 것이 싫었던 거지. 결국 카이사르는 암살되고, 로마는 또다시 분열되어 전쟁에 휩싸였어. 그리고 치열한 전쟁 끝에 카이사르의 양자였던 옥타비아누스가 권력을 잡았단다.

옥타비아누스는 권력을 잡고 나자 태도를 많이 바꿨어. 이전에는 법이나 원로원을 두려워하기는커녕 오히려 무시했는데, 전쟁에서 승리하고 권력을 잡은 뒤에는 원로원의 결정과 법을 존중하고, 왕처럼 권력을 함부로 휘두르지도 않았지. 카이사르처럼 원로원의 미움을 받아 죽고 싶지 않았던 거야. 그렇게 해서 옥타비아누스는 원로원의 신임을 샀어.

이제 로마 사람들은 누가 다스리는가, 로마의 정치 체제가 어떤 것인가에는 관심이 없었어. 너무나 많은 전쟁으로 지쳐서 오로지 평화와 안정을 바랄 뿐이었지. 그러한 로마 사람들의 바람을 옥타비아누스가 실현시켰던 거야. 그래서 원로원은 그에게 감사하면서 더 강한 권력을 주었고, 아우구스투스(존엄한 자)라는 새 호칭도 주었어.

아우구스투스는 제1인자로서 로마를 다스렸지. 결국 로마는 황제가 다스리는 정치 체제로 바뀐 거야. 이후 아우렐리우스 황제 때까지 로마는 계속 영토를 넓혔고, 번영을 누렸지. 그러나 로마에 좋은 황제만 있었던 것은 아니야. 칼리굴라나 네로 같은 폭군도 있었지. 칼리굴라는 자신의 말을 관리로 임명하기도 하고, 네로는 로마 시가 불에 타는 모습을 보고 환호성을 지르면서 즐거워했다고도 해.

전성기 시절의 로마 제국 지도이다. 로마 제국은 지중해와 유럽 남부 지역을 거의 차지하고, 이들 지역에서 많은 세금과 식량 등을 거둬 들여 번영을 누렸다.

팔을 치켜 든 아우구스투스의 동상이다. 아우구스투스는 로마 제국 시대를 열었다.

이집트의 알렉산드리아는 로마가 인도나 동남아시아와 교역을 할 때 중요한 역할을 했다.

오늘날의 영국 지역에 건설된 하드리아누스의 성벽이다. 로마 제국은 서유럽 지역까지 정복해 영토를 넓히고, 적의 침입을 막기 위해 긴 성벽을 쌓았다.

그 뒤로 로마는 다섯 명의 현명한 황제가 차례로 다스리면서 번영과 안정을 누리기도 했지만 나중에는 또다시 분열되고 말았어. 로마 제국의 영토가 너무 넓은 탓에 효과적으로 다스릴 수 없었고, 빈부의 격차도 너무 심해져서 여기저기서 반란이 일어났거든. 또 로마 국경 지대에서는 로마 사람들이 야만족이라고 부르던 다른 민족들이 쳐들어오기도 했단다.

400년 무렵부터 로마 제국은 아시아 초원 지역에서 온 훈 족과 훈 족에게 밀려 내려온 게르만 족의 침략에 시달렸는데, 결국 476년에 게르만 족에게 멸망당하고 말았단다.

로마 제국 시절에 지어진 집의 모형이다. 여러 층의 아파트처럼 생겼다.

| 로마 제국이 빛나는 문화 유산을 남기다 |

'그리스·로마 신화'에 대해 들어 봤지? 그런데 왜 그리스 신화, 로마 신화라고 따로 부르지 않고 그리스·로마 신화라고 하는 걸까? 같은 신을 섬긴 걸까?

지금 우리가 알고 있는 그리스·로마 신화는 사실은 대부

그리스 문화의 영향을 받아 만들어진 로마 시대의 인물 조각상이다.

분 그리스 신화란다. 나중에 로마 사람들도 그리스 신들을 받들기 시작하면서 그리스·로마 신화라고 부르게 된 거지.

로마 사람들은 그리스의 헬레니즘 문화의 영향을 받았단다. 초기에는 로마로 들어오는 그리스 상인들을 통하거나 이탈리아 남부의 그리스 식민지들과 교류하면서 그리스 문화를 배우는 게 다였어. 그런데 기원전 3세기 무렵 포에니 전쟁에서 승리를 거두자, 로마는 그 기세를 몰아 분열되고 힘이 약해진 그리스를 몽땅 손에 넣었지. 그 뒤로 그리스 문화가 로마에 직접 전해지게 된 거야.

그러자 로마 사람들 사이에 '그리스 배우기' 또는 '그리스 따라 하기'가 크게 유행했지. 귀족들은 교양의 상징으로 그리스 어와 생활 방식을 배웠고, 집집마다 그리스 출신의 가정교사를 두고 아이들에게 그리스 철학과 예술을 가르쳤어. 그래서 이를 두고 어떤 로마 정치가는 이렇게 한탄하기도 했어.

"로마는 무력으로 그리스를 정복했지만, 그리스는 문화로 로마를 정복했다."

그렇다고 로마가 그리스의 모든 것을 받아들인 것은 아니었어. 자신들의 관습과 성향에 맞는 것을 가려서 받아들였지. 철학을 예로 들어볼까. 로마 사람들은 소피스트들에게는 관심이 별로 없던 대신, 스토아 철학을 많이 받아들였단다. 스토아 철학은 그리스 폴리스의 철학이 아니고, 그리스의 문물이 지중해 연안 여러 지방에 퍼지면서 생겨난, 헬레니즘 시대를 대표하는 철학이야.

로마 사람들이 특별히 스토아 철학을 좋아한 이유가 있었을까? 스토아 철학은 의무와 절제를 강조하고, 자연적 질서에 복종하라고 말해. 특히 시민의 책임과 의무를 강조하기 때문에, 로마 시민이 오랫동안 숭상해 왔던 미덕과 보수적 성향에 잘 어울렸지.

로마 사람들의 예술에 대한 취향은 어땠을까? 로마의 정복자들은 소아시아에서 대리석 기둥, 조각상 등을 마차에 잔뜩 싣고 와서 그들의 저택을 장식하는 데 사용했어. 그러다가 나중에는 그것들을 그대로 베껴 만들었지.

도로 포장 공사를 하는 인부의 모습을 새긴 조각상이다.

이처럼 로마 제국은 철학, 문학 등 여러 면에서 헬레니즘 문화를 받아들였지만, 그리스 문화와는 다른 독특한 문화를 발전시키기도 했단다. 로마 사람들의 문화 가운데는 나중에 유럽 문화가 발전하는 데 중요한 영향을 미친 것들이 많아. 그 가운데에서도 손꼽을 수 있는 것이 두 가지 있는데, 바로 건축과 법률이란다.

로마 사람들은 그리스와 에트루리아의 건축 기술에다가 자신들의 문화적 특성과 기술을 보태 더욱 발전된 건축 기술을 개발했어. 로마 사람들은 자신들이 정복한 땅 곳곳에 세운 도시마다 아치 모양의 다리, 둥근 지붕의 집, 웅장한 경기장 등을 많이 만

아치 모양으로 만든 로마의 다리이다. 로마 사람들은 실용적이고 튼튼한 건축물을 많이 세웠다.

들었어. 웅장한 원형 경기장인 콜로세움은 아주 유명하지.

이런 큰 건축물 말고도 로마 사람들의 대단한 건축 기술을 엿볼 수 있는 것이 또 있단다. 바로 도로야. 혹시 '모든 길은 로마로 통한다.'라는 말을 들어 봤니? '로마' 하면 사람들이 도로를 떠올릴 만큼 로마 사람들은 도로를 많이 만들었어. 로마 영토 곳곳을 연결하는 도로의 길이가 수만 킬로미터에 이르렀대. 로마 사람들은 도로를 만들면서 콘크리트를 처음 사용했어. 또 빗물이 고이지 않도록 표면을 아치 모양으로 만들고, 도로 옆에 배수구도 만들어 도로가 허물어지는 것을 막았지. 이렇게 튼튼하게

물이 빠져 나가도록 배수구가 설치된 로마의 도로이다.

만들어진 로마 도로는 철도가 등장하는 19세기 나폴레옹 시대까지 널리 이용되었단다. 그 중 일부는 2000년이 지난 지금도 이용하고 있고 말이야.

그럼, 이번에는 로마의 법률을 살펴볼까? 로마가 후대에 남긴 가장 중요한 유산 가운데 하나가 바로 법 체계야.

로마법은 시민법, 만민법, 자연법 세 가지로 나뉘어. 시민법은 로마 시민들에 대한 법이야. 시민의 권리, 의무 등을 정해 놓은 것이지. 만민법은 민족에 관계없이 누구에게나 적용되는 법으로, 상거래, 동업, 계약 등에 관한 원칙을 정한 것이지.

로마법에서 가장 위대한 것은 자연법이란다. 자연법은 철학에 대한 깊이 있는 고민의 결과로 만들어진 것이지. 자연법에 따르면 사람은 모두 자연적으로 평등하며, 정부도 침범할 수 없는 일정한 기본 권리를 가진다고 해. 쉽게 말해서 모든 사람의 존엄성을 강조하고, 사람 위에 사람이 없다는 것을 주장한 거야. 그러니까 아무

리 국가 정부라고 해도 사람보다 높은 곳에서 군림해서는 안 되며, 국가는 사람을 위해서 존재해야 한다는 거야. 그렇게 함으로써 정치가들의 독재를 막으려 한 것이지. 자연법 사상은 나중에 유럽의 근대 사상 발전에 많은 도움을 주었어.

| 로마 도시가 번영을 누리다 |

다섯 명의 현명한 황제들의 통치로 로마 제국이 평화와 번영을 누릴 무렵, 많은 물품과 사람들이 로마로 몰려들었어. 로마에 일자리들이 많이 생겨났거든. 로마에는 공공 목욕탕, 극장, 신전, 가옥, 도로 등 큰 건축물이 많았고, 각지에서 온 상품들을 파는 큰 시장도 있었어. 마치 지금의 우리나라 찜질방처럼 목욕탕 안에는 온탕, 냉탕도 있

로마 제국 시대에 만들어진 어린이 조각상이다.

로마 제국 시대의 푸줏간 장면을 새긴 조각이다.

밭을 가는 로마의 농부이다.

고, 음식점과 상가도 있었지. 극장에서는 연극도 공연되었고, 검투사들과 맹수들의 싸움도 볼 수 있었어. 시장에는 거리마다 상점들이 꽉 차 있고, 상인들이 상거래 업무를 볼 수 있는 지금의 은행이나 법률 사무소와 같은 것도 있었단다.

로마의 귀족이나 부유한 지주들은 로마 시내에 큰 집을 가지고 있으면서 또 지방에 큰 농장과 저택을 갖고 있었지. 농장에서는 노예들이 포도, 올리브 같은 과일을 생산하고 양을 키웠어. 또 서아시아를 통해서 들어오는 향신료로 음식을 해 먹고 인도에서 온 보석과 아프리카에서 온 금으로 장신구를 했다. 중국에서 온 비단으로 옷을 만들어 입는가 하면 가끔 손님을 초대해서 멋진 음악에 맞춰 춤을 추는 향연을 열기도 했지.

그러나 이렇게 부유한 사람들보다는 가난한 사람들이 훨씬 많았어. 가난한 사람들은 부엌이나 화장실도 없는 높은 건물에서 여러 가족이 모여 살았어. 집은 모두 나무로 만들었기 때문에 곧잘 불이 났고, 일단 불이 나면 크게 번졌지. 서기 64년에 일어난 불은 로마 도시 거의 대부분을 태워 버렸을 정도였어.

가난한 사람들은 부유한 사람들이 누리는 향락적인 생활을 보면서 불만이 커졌

전차 경주 장면을 새긴 조각이다.

어. 이런 불만을 막기 위해 로마의 황제나 각 지역의 귀족들은 가난한 사람들에게 무료로 곡식을 나누어 주기도 하고, 또 검투사*들, 무서운 맹수들이 서로 죽고 죽이는 잔인한 경기를 무료로 볼 수 있게 해 주기도 했어. 검투사들은 대부분 노예였는데 검투사끼리 싸울 때는 한 사람이 죽을 때까지 싸워야 했지.

때로는 검투사뿐만 아니라 크리스트 교를 믿는 사람들이 끌려와 맹수와 싸우는 경기도 벌어졌어. 크리스트 교는 로마 제국의 지배를 받던 팔레스타인에서 처음 생겼단다. 크리스트 교를 믿는 사람들은 하느님만을 유일신으로 받들었기 때문에 황제에 대한 숭배를 거부했지. 그래서 여러 차례 로마 황제들에게 박해를 받았단다.

그러나 로마 황제들의 계속된 탄압에도 불구하고 크리스트 교는 가난한 로마 사람들 사이에 빠르게 퍼져 나갔어. 크리스트 교를 믿는 사람들은 주변의 가난한 사람들을 도왔고, 가난한 사람들에게 현세에서는 이렇게 고통을 당하면서 살아도 나중에 하늘나라에 가서는 구원을 받을 수 있다고 약속했기 때문이란다. 로마에서 힘겹게 살던 사람들은 크리스트 교에서 희망을 얻었던 거지. 크리스트 교는 결국 로마 제국 전체에 퍼져 나갔고, 예수가 죽고 약 400년 뒤에는 로마 제국의 공식 종교가 되었단다.

로마의 노예를 증명하는 명패이다.

검투사*
검투사는 무기와 장비에 따라 네 그룹으로 나뉘었다. 대부분 전쟁포로, 노예, 범죄자 등으로 구성되어 교습소에서 훈련을 받았는데, 나중에는 자유인도 참가하였다. 검투사 경기는 로마 초기에 영향을 받은 에트루리아에서 비롯되었다고 한다.

클릭! 역사 속으로
예수와 크리스트 교

로마 제국에는 여러 민족들이 모여 살았는데, 저마다 언어, 관습, 종교 등이 달랐어. 그 중에 팔레스타인 땅에 살던 유대 사람들도 자기네의 종교인 유대교를 믿으며 살았지. 유대 민족은 오랜 세월 동안 여러 곳을 떠돌며 다른 민족의 지배를 받았지만, 언젠가 구세주가 나타나서 자신들을 구하고, 자유를 줄 거라는 믿음을 가지고 있었단다.

그러던 어느 날, 베들레헴에서 예수가 태어났어. 예수는 젊은 시절 하느님의 말씀을 들었어. 그 뒤 그는 자기 자신을 하늘에서 보낸 구세주라고 말하며, 팔레스타인 땅 여기저기를 돌아다니며 그 가르침을 전했지.

"가난한 자는 복이 있나니 하느님의 나라가 너희 것이다."

"누가 너의 뺨을 때리거든 대적하지 말라. 대신 다른 쪽 뺨을 대라."

팔레스타인 지역의 유대 사람들 가운데는 예수의 가르침이 유대 사람들의 오랜 전통을 거스르는 것이라고 믿지 않는 사람들도 많았지만, 예수를 따르는 사람들도 늘었지. 그러자 위협을 느낀 유대 교 율법학자들은 예수를 없애려고 음모를 꾸몄어. 예수가 말도 안 되는 사상으로 사람들을 현혹시키고, 스스로 유대 민족의 왕이 되려고 한다는 이유로 로마 총독 헤롯에게 고발한 것이지. 결국 예수는 반역죄로 몰려 골고다 언덕에서 십자가에 못 박혀 죽었어. 예수가 죽은 뒤 그의 제자들은 그의 시신을 바위를 파서 만든 동굴 무덤에 묻었어. 그런데 사흘 뒤 예수가 제자들 앞에 나타나 말했단다.

"너희에게 평화가 있을지니, 나는 부활하였노라. 가서 너희가 본 것을 모든 사람에게 전하라!"

그 뒤 예수의 제자들은 예수의 가르침을 모아 『성경』을 만들고, 로마 제국의 여기저기를 누비며 예수의 가르침을 퍼뜨렸단다. 그리고 마침내는 크리스트 교가 로마 제국의 국교가 되었지.

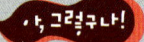
구석구석 제국을 다스려요

페르시아 제국, 알렉산드로스 제국, 마우리아 제국, 진과 한 제국, 그리고 로마 제국. 여러 나라들을 정복하여 거대한 제국을 세운 나라들이야. 이 제국들은 여러 언어를 사용하고, 갖가지 풍습과 종교를 가진 민족들을 하나로 통합하여 다스리기 위해 여러 가지 정책과 제도를 실시했어. 강력한 중앙 집권 제도의 실시, 종교와 사상을 통일하려는 노력, 나라의 여

페르시아 제국

도로 건설
나라 안의 여러 중요한 곳을 연결하는 '왕의 길'을 건설하였다. 이 길을 따라 왕의 사신이나 상인들이 다녔다.

여러 민족을 아우르는 포용 정책
제국 안의 여러 민족이 사용하던 언어나 말, 그리고 그들이 믿는 종교를 그대로 인정했다. 포용 정책으로 페르시아에 대한 거부감이 줄어들었다.

종교를 통한 통합 정책
여러 종교를 인정하면서도 조로아스터 교를 앞세워 제국 안의 여러 사람들 생각을 묶으려 했다.

러 중요한 지역을 연결하는 도로를 건설하는 정책 등이 그것이지. 이 제국들은 새로운 세력의 도전을 받아 다시 분열되기는 했지만, 이때 발달한 제도와 문화는 각 지역의 문명 발전에 큰 영향을 끼쳤단다. 가장 먼저 등장한 페르시아는 나중에 유럽이나 서아시아에서 등장한 여러 나라 제국들에게 나라를 운영하는 여러 가지 방법을 제공한 것이지.

강력한 중앙 집권 제도
권력을 황제 한 사람에게 집중하고, 중앙에서 관리를 파견해서 중앙 정부의 명령에 따라 다스릴 수 있는 제도를 마련했다. 그렇게 해서 지방 세력이 커지거나, 반란을 일으킬 수 있는 틈을 주지 않았다.

알렉산드로스 제국
그리스 문화에 바탕을 둔 헬레니즘 문화를 만들어 제국을 통합하려고 했다. 그리고 페르시아 제국의 통치 제도를 받아들여 제국을 운영했다.

진과 한 제국
진은 강력한 중앙 집권 제도인 군현제를 널리 실시하고, 법가 사상을 중심으로 나라를 다스렸다. 또 화폐와 도량형을 통일하고, 문자를 통일해 말이 달랐던 여러 지역 사람들이 의사소통을 할 수 있도록 했다. 한은 진의 통치 제도를 이어받았지만, 유교를 국교로 삼았다.

마우리아 제국
강력한 중앙 정부를 만들고, 곳곳에 많은 관리를 보내 통치했다. 또한 여러 언어를 하나로 통일하려 노력했고, 불교를 국교로 삼아 나라를 통합하려고 했다. 그리고 제국 곳곳을 잇는 많은 도로를 건설했다.

화폐와 도량형 등의 통일
하나의 경제권으로 만들어, 지역 간에 교류를 활발하게 해서 나라를 통합하려 노력했다.

로마 제국
강력한 황제 중심 체제를 만들고, 제국 여러 곳을 잇는 도로를 많이 건설했다. 그리고 처음에는 각 지역마다 신이 달랐지만, 나중에는 크리스트 교를 국교로 삼아서, 제국 사람들을 종교로 통합시켰다. 하지만 언어는 각 지역에서 사용하는 다양한 언어를 그대로 사용하게 했다.

인류 진화의 역사

기원전 4000년 이전

150억 년 전 빅뱅이 일어나다

4억 년 전
상어, 곤충, 양서류가 나타나다

46억 년 전
지구가 만들어지다

2억 8000만 년 전
공룡이 지구를 차지하다

38억 년 전
지구상에 첫 생명체가 등장하다

6500만 년 전
최초의 영장류가 나타나다

400만 년 전~150만 년 전
오스트랄로피테쿠스가 두 발로 걷다

250만 년 전~50만 년 전
호모 하빌리스가 석기를 만들어 사용하다

20만 년 전
호모 사피엔스가 나타나다

4만 년 전
현생 인류인 호모 사피엔스 사피엔스가 나타나다.

4만 년 전~1만 년 전
아프리카의 현생 인류가 세계로 퍼지다

3만 8000년 전
현생 인류가 아프리카에서 유럽으로 건너가다

아시아

기원전 8000년쯤
최초의 도시 예리코가 나타나다

기원전 8000년쯤
인더스 강 유역에서 농경을 하다

기원전 4500년쯤
중국 남부와 동남아시아에서 벼농사를 짓다

기원전 4000년
중국 북부에 큰 마을이 나타나다

유럽

기원전 3만 8000년쯤
인류가 남부 유럽에 도착하다

기원전 5000년쯤
서아시아에서 농사가 전해지다

아프리카

기원전 4500년쯤
북아프리카 누비아에서 도기가 만들어지다

아메리카

기원전 5000년쯤
멕시코에서 옥수수가 처음 재배되다

기원전 4000년~기원전 1600년

기원전 4000년쯤
메소포타미아 농부들이 쟁기를 사용하다

기원전 3500년쯤
수메르인이 도시국가를 만들다

기원전 3100년쯤
메소포타미아에서 문자를 만들다

기원전 3000년쯤
중국 농부들이 쟁기를 사용하다

기원전 3000년쯤
중국에서 도기를 만드는 물레를 사용하다

기원전 2500년쯤
인더스 강 유역에 도시가 나타나다

기원전 2000년쯤
아시아가 철제 도구를 만들다

기원전 1780년쯤
함무라비 왕이 바빌로니아 제국을 다스리다

기원전 1600년쯤
중국에서 상나라가 나타나다

기원전 1600년~기원전 600년

기원전 1500년쯤
인더스 강 유역 도시들이 쇠퇴하다

기원전 1500년쯤
상나라에서 청동기 기술이 발달하다

기원전 1100년쯤
페니키아 사람들이 알파벳을 만들다

기원전 1000년쯤
아리아 사람들이 갠지스 강 유역에 정착하다

기원전 770년쯤
중국에서 춘추 전국 시대가 시작되다

기원전 721년쯤
아시리아 제국이 전성기를 맞다

기원전 700년쯤
『우파니샤드』 철학이 꽃피다

기원전 650년쯤
중국에서 철기 문명이 시작되다

기원전 600년~기원후 200년

기원전 550년
키루스 왕이 페르시아 제국을 건설하다

기원전 490년
페르시아 제국의 다리우스 왕이 그리스 정복에 나서다

기원전 322년
인도의 찬드라굽타 마우리아가 제국을 세우다

기원전 262년
마우리아 제국의 아소카 왕이 불교를 장려하다

기원전 221년
진나라가 중국을 통일하다

기원전 202년
한나라가 등장하다

기원전 3000년쯤
중해 지역에서 청동기 문명이 시작되다

기원전 2700년쯤
영국에서 스톤헨지가 만들어지다

기원전 2000년쯤
크레타에서 미노아 문명이 발달하다

기원전 1600년쯤
미케네 문명이 발달하다

기원전 1200년쯤
그리스에 철기 문화가 전파되다

기원전 800년
호머가 『일리아스』와 『오디세이아』를 짓다

기원전 776년
그리스에서 최초의 올림픽 경기가 열리다

기원전 753년
로마가 세워지다

기원전 600년쯤
그리스 철학이 꽃피다

기원전 510년
로마 공화정이 수립되다

기원전 508년쯤
아테네 민주주의가 발달하다

기원전 431년
펠로폰네소스 전쟁이 시작되다

기원전 330년
알렉산드로스 왕이 페르시아 제국을 손에 넣다

기원전 27년
로마의 옥타비아누스가 황제의 자리에 오르다

기원전 3100년쯤
상이집트와 하이집트가 통일되다

기원전 2500년쯤
이집트에서 기자의 피라미드가 만들어지다

기원전 1780년
이집트가 힉소스의 지배를 받다

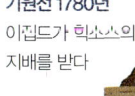

기원전 1000년쯤
쿠시 왕국이 번영하다

기원전 814년쯤
페니키아 사람들이 카르타고를 세우다

기원전 671년쯤
이집트가 아시리아 제국에 정복되다

기원전 500년쯤
철기 제작 기술이 사하라 이남으로 퍼지다

기원전 146년
카르타고가 로마에 정복되다

기원전 30년
이집트가 로마의 속주가 되다

기원전 3500년쯤
페루에서 면화를 재배하다

기원전 1200년쯤
페루에서 차빈 문명이 발달하다

기원전 1100년쯤
올멕 문명이 시작되다

기원전 500년쯤
아데나 문명이 북아메리카에서 꽃피다

기원전 500년쯤
멕시코에서 상형 문자가 사용되다

기원전 300년
테오티와칸 문명이 발달하다

| 찾아보기 |

ㄱ

가축 34
간다라 미술 167
간빙기 26
갑골 문자 80
갑주어 16
갠지스 강 113
걸왕 78
검투사 210
게르만 족 204
계절풍 180
고왕국 68
곡물 창고 73
곧선 사람 23
공공 목욕탕 208
공룡 16
공자 140, 143
공화정 197
과거 제도 188
구석기 시대 23
국 135
군국주의 128
군현제 139, 183
굽타 제국 177
권력자 42
그라쿠스 형제 200
그리스 알파벳 92
긁개 25

기마술 103
기하학 167

ㄴ

나스카 150
나일 강 37, 64, 67
나폴레옹 207
나폴리 125
네로 202
네부카드네자르 왕 156
네안데르탈인 24
노자 140
녹색 식물 15
『논어』 143
농사 34
누비아 64
누비아 사람 110
니네베 106

ㄷ

다리우스1세 158
다리우스3세 163, 193
다신교 54
다이달로스의 미궁 95
달력 58
대승 불교 176, 181
대피라미드 77

데모크리토스 131
델로스 동맹 160
도가 140
도널드 요한슨 21
도량형 185
도리아 사람 122
도시 42
도시 국가 52, 196
동주 시대 136
돛 57
두무지 47
뗀석기 23

ㄹ

라가시 55
라스코 동굴 30
람세스2세 110
레무스 196
로마 91, 103, 196
로물루스 196
루시 21
룩소르 신전 110
리디아 102

ㅁ

마가다 왕국 114, 170
마르세유 125
마르쿠스
  아우렐리우스 189
마야 문명 146
마우리아 제국 170
마케도니아 162
마하바라타 114
만리장성 185
만민법 207
맹자 140
메네스 65
메세니아 평원 129
메소포타미아
  37, 52, 65, 67, 87
멕시코 145
모세 110, 111
모헨조다로 72, 177
목욕탕 73
무왕 134
무제 187, 190
문명 46
문자 57
미노스 왕 86, 95
미노아 문명 86, 94
미라 69
미케네 93

미케네 문명 94
민주주의 128
민회 188
밀 37

ㅂ
바르나 116
바빌로니아 54, 60, 103
바이샤 116
바퀴 57
박테리아 14
박트리아 174
발칸 반도 94
뱀 신 149
법 61
법가 183
『베다』 116, 176
베링 해 144
벽돌 73
변화 39
보리 37
봉건 제도 135
봉건제 183
분서갱유 186
불가촉천민 117
불교 118, 119, 121, 172, 175

불상 168
브라만 116
브라만교 176
브라흐마 118
브루투스 201
비단 178, 191
비단길 189, 191
비슈누 118
빌렌도르프의 비너스 상 32, 33
빙하기 19, 27, 35

ㅅ
『사기』 85, 195
사마천 85, 195
사유 재산 40, 41
사후 세계 69
산치 대탑 174
삼나무 89
삼엽충 16
삼황오제 85, 182
상나라 78, 134
상상 139, 140
상인 43
상형 문자 92
생명체 13
서기 67

서주 시대 136
설형 문자 57
성 44
『성경』 100
성직자 44
성채 73
세계의 왕 158
세계의 정복자 165
세제곱근 59
셈 족 56, 60
셈법 59
셴양 183
소금 44, 147
소승 불교 176
소철 16
소크라테스 131, 132
소포클레스 131
소피스트 132, 205
손재주가 있는 사람 23
솔론 128, 133
수드라 116
수메르 53
수메르 사람 52
수하나트 21
순자 140
슐리만 93
스키타이 족 192
스토아 철학 205

스파르타 124, 129, 160
스핑크스 68, 71
시민법 207
시바 118
시장 44
신관 55, 58
신바빌로니아 62
신바빌로니아 왕국 156
신석기 시대 34
신석기 혁명 39
신왕국 68, 108
심리전 102, 104
싯다르타 119, 121
쐐기 58
쐐기 문자 57, 92

ㅇ
아가멤논 93
아리스토텔레스 132, 163
아리아 사람 112
아메리카 144
아멘호테프 4세 109
아부심벨 대신전 110
아소카 왕 171
아슈르바니팔 왕 106
아스텍 151
아시리아 제국 91

217

아우렐리우스 황제 202
아크로폴리스 123
아테네 124, 128, 159, 160
아톤 신 109
아후라 마즈다 169
아흐모세 108
안데스 문명 150
안드라 왕국 174
알렉산드로스 왕 162, 170
알렉산드로스 제국 110
알렉산드리아 167
알타미라 동굴 30
알파벳 88, 91
암흑기 122
야훼 111
에라토스테네스 167
에트루리아 197, 206
영혼 불멸 사상 68
예리코 44
예수 210, 211
오디세우스 93
오스트랄로피테쿠스 19
오시리스 69
옥수수 145
옥타비아누스 201
올림픽 경기 130
올멕 문명 146
왕의 길 159

왕정 197
요람 59
우루크 56
우르 55
『우파니샤드』 119
움마 55
원로원 198
원숭이 19
월지 190
유가 140, 188
유대교 111
유목 생활 38, 113
유방 187
유인원 18
유일신 210
유클리드 167
유프라테스 강 37
60진법 59
윤회 119, 176
은허 79
이난나 47
이사 186
이집트 65, 158
인더스 강 37, 72
인더스 문명 72
인장 75
「일리아스」 163
잉카 문명 146

ㅈ

자라투스트라 171
자연법 209
자연철학자 133
자티 119
장건 192
장안 190
장인 45
장자 142
전국 시대 139
전차 86, 103, 115
전환 41
정전법 137
젖먹이 동물 19
제우스 131
제자백가 144
제후 137
조로아스터교 171, 182
『종의 기원』 20
주나라 136, 185
중도 121
지구라트 56
지중해 69, 92, 96
지혜로운 사람 26
직접 민주주의 131
진나라 141
진승과 오광의 반란 189
진시황제 184

진화 19
집정관 198

ㅊ

차빈 150
차이나 185
찬드라굽타 마우리아 170
찰스 다윈 18
참주 128
천고마비 194
천명 135
천자 136
철학 131
청동기 81
춘추 전국 시대 136, 140
충차 103

ㅋ

카니슈카 왕 181
카르나트 신전 110
카르타고 91, 119
카스트 115, 177
카스트 제도 114
카이사르 201
카탈 후유크 45
케찰코아틀 151

218 찾아보기

쿠샨 왕국 110, 181
쿠시 왕국 110
쿠푸 왕 71, 77
크노소스 궁전 86
크레타 섬 86
크로마뇽인 25
크리스트 교 18, 210, 211
크세르크세스 왕 159
키루스 왕 156
키시 55

ㅌ

타르퀴니우스 왕 197
탈레스 131
탕왕 78
태양신 레 69
태음력 58
태학 188
테베 162
테오티와칸 149
토기 28
토지 개혁법 200
트로이 93
트로이의 목마 93
티그리스 강 37

ㅍ

파라오 64, 66
파미르 고원 191
파피루스 70
페니키아 89, 103
페르시아 제국 110, 129, 156, 170
페리클레스 129
펠로폰네소스 전쟁 161
포루스 왕 164
포세이돈 129
포에니 전쟁 199
폴리스 123, 159
푸 하오 왕비 82
프로타고라스 132
프톨레마이오스 167
플라톤 131, 132
피라미드 55, 56, 68, 146
피타고라스 131
필리포스 2세 162

ㅎ

하나라 78
하라파 72, 113, 177
하르마키스 71
하투사스 100
한나라 187
한니발 199
한비자 140, 142
『함무라비 법전』 61
함무라비 왕 61, 63
해자 45
해탈 175
행정관 159
향신료 179, 209
헤라 129
헤로도토스 64, 69, 193
헥토르 93
헬레네 93
헬레니즘 문화 168, 205
혁명 39
현생 인류 28
호루스 68
호모 사피엔스 24
호모 사피엔스 사피엔스 25
호모 에렉투스 23
호모 하빌리스 23
화석 14
환생 119
황제 85
황허 강 37, 78
훈 족 204
흉노 185, 187, 189, 193
히브리 사람 100, 110
히타이트 100

힉소스 사람 107
힌두 교 120, 176

그림
강전희 님은 본문 그림을 그렸고, 김수현 님은 '클릭! 역사속으로', '아, 그렇구나!' 의 그림을 그렸습니다.

사진 제공
(주)유로포토 서비스, 브릿지먼(The Bridgeman Art Library), 유로포토, 탑포토(TopPhoto), 유로포토, AAA(Ancient Art & Architecture Collection), 유로포토, 차이나 포토 프레스(China Foto Press), 유로포토, 이미지차이나(maginechina), 유로포토, 파노마라(Panorama Stock Photo), 유로포토, 인터포토(Interfoto) (주)토픽포토에이전시, 코비스(Corbis), 레씽(Erich Lessing Cultur and Fine arts Arcives)

※ 맞춤법, 띄어쓰기는 국립국어원에서 펴낸 「표준국어대사전」을 기준으로 삼았습니다. 단, 역사 용어와 띄어쓰기는 교육인적자원부가 펴낸 「교과서편수자료」를 기준으로 했습니다.
※ 외국 인명, 지명은 국립국어원의 「외래어 표기 용례집」을 따랐습니다. 단, 「외래어 표기 용례집」에 나오지 않는 인명, 지명은 현지음에 가깝게 적었습니다. 또 중국 인명은 신해혁명(1910년)을 기점으로 한자음과 현지음으로 나누었고, 중국 지명 중 현재 남아 있는 지명은 현지음, 없어진 지명은 한자음을 따랐습니다.